Nas asas da esperança

Padre Juarez de Castro

Nas asas da esperança

EDITORA ALAÚDE

1º edição em novembro de 2010 – Impresso no Brasil

PRODUÇÃO EDITORIAL
Editora Alaúde

REVISÃO
Beatriz de Freitas Moreira

FOTOS DE CAPA E MIOLO
Maria do Carmo Bérgamo

AGRADECIMENTO
À administração da Catedral da Sé de São Paulo, por ceder o espaço para a sessão de fotos com o padre Juarez de Castro

Dados Internacionais de Catalogação na Publicação (CIP)
(Câmara Brasileira do Livro, SP, Brasil)

Castro, Juarez de
Nas asas da esperança / Juarez de Castro. -- São Paulo : Alaúde Editorial, 2010.

ISBN 978-85-7881-064-1

1. Amor 2. Esperança 3. Fé 4. Meditações 5. Vida cristã I. Título.

10-12874 **CDD-248.4**

Índices para catálogo sistemático:
1. Esperança : Vida cristã : Cristianismo
248.4

Alaúde Editorial Ltda.
Rua Hildebrando Thomaz de Carvalho, 60
CEP 04012-120 – São Paulo – SP – Brasil
Tel.: (11) 5572-9474 / 5579-6757
www.alaude.com.br
alaude@alaude.com.br

A vida de quem não espera é tempo:
a vida de quem espera é eternidade.

Padre Antônio Vieira (1608-1697)

Sumário

Apresentação

Sempre aprendi com o povo. Costumo dizer que aprendi mais teologia no confessionário do que no seminário. Junto da gente simples e sofrido, mas que se agarra à oração para enfrentar as diversidades da vida, pude experimentar a força da fé e do amor. Ouvindo as pessoas, aprendi a falar com elas. Ouvindo Deus, aprendi a falar d'Ele para elas.

Assim nasceu este livro. A partir dos sentimentos, dores e esperanças das pessoas que me procuravam. Precisava mostrar a elas o caminho que nos leva às águas tranquilas do amor de Deus. O caminho da esperança.

Esperança é virtude teologal. Isto é, força que vem de Deus. Esperança não é o simples ato de esperar, mas atitude serena de quem confia em Deus. Esperança é saber que Deus cuida de mim e que posso me entregar em Seus braços como filho que sabe que será sempre amparado pelo Pai. Nessa esperança quero voar com asas de águia para subir ao mais alto dos céus e estar mais próximo de Deus. Nessas asas quero voar para esperar sempre no Senhor que me ama e me acolhe.

Este livro é bem simples. Assim como simples é Deus. Assim como simples é a vida. Voe comigo nas asas da esperança.

I

A esperança em si mesmo e no próximo

Consolar

Certamente você já ouviu dizer muitas vezes o quanto é importante saber consolar. Mas afinal, o que realmente significa "consolar"? Essa palavra é de origem latina, vem de *cum* + *solus*, isto é, "com quem está só". Assim, oferecer consolação é uma das mais belas maneiras de cuidar de alguém.

Nossa vida, repleta de limitações e fragilidades, é cheia de dor, tristeza e solidão. Sofremos pela perda de alguém, por aborrecimentos e decepções, pela sensação de estar sozinho no mundo. É nesses momentos que o poder de consolar se faz mais necessário.

Devemos sempre estar dispostos a oferecer consolo àquela mãe padecendo a perda do filho, àquele jovem doente que já não vê mais horizonte, àquele que se encontra tomado pelo desespero, àquele que não encontra sentido na vida a ponto de pensar em terminá-la...

Consolar não significa arrancar a dor da pessoa, eliminar o que ela está sentindo. Às vezes o sofrimento é pedagógico e nos faz crescer. Consolar é, antes e acima de tudo, estar junto. É estar presente e dizer com todo o coração: "Você não está sozinho, estou com você, eu caminho ao seu lado. Juntos, podemos carregar qualquer fardo, qualquer cruz, transpor qualquer obstáculo. Não tenha medo. Eu estou aqui!". Consolar não é proferir discursos elaborados nem repetir palavras vazias. É fazer o outro sentir a sua presença. O seu amor.

Onde está a felicidade?

Onde encontrar a felicidade? Onde ela repousa ou se esconde? Imaginamos que ela está longe, bem longe, e que, para encontrá-la, é preciso caminhar muito. Porém, não é necessário ir ao fim do mundo para buscar esse tesouro, pois a beleza e a bondade – que são fundamentais para nos sentirmos felizes – estão onde estivermos. Há maravilhas que não enxergamos por distração. Olhe ao seu redor e perceba a natureza, a arte, a música. Tudo está aí para que possa ser admirado e nos fazer sentir bem. Mais que isso, ao seu redor há pessoas que amam você, que lhe sorriem, que lhe agradecem, que vêm ao seu encontro. E para completar essa felicidade escondida, você tem a grandeza e a bondade de Deus sempre ao seu lado. A tentação, porém, é tomar toda beleza e bondade só para nós – o que nos impede de desfrutá-las.

Nossos olhos devem estar abertos para perceber tantas maravilhas ao nosso redor e que normalmente não conseguimos ver. E se não as enxergamos é porque tapamos nossos olhos para não ver a bondade e o amor de Deus.

Tentemos ver essa beleza e essa bondade! Basta valorizar o que está ao seu redor, basta valorizar quem está com você.

Ao redor da mesa

Umas das atividades mais corriqueiras e normais do nosso dia a dia é a refeição. Comer faz parte da nossa vida como necessidade básica para a sobrevivência e talvez por isso não paremos para refletir e dar a devida importância a esse gesto. Mas se tomar café da manhã, almoçar e jantar são necessidades básicas para a vida e a saúde, a refeição se torna um tempo precioso para a sobrevivência de nossas relações, pois é nela que estamos junto ao nosso próximo mais próximo. Aliás, a mais provável origem para a palavra "companheiro" é o latim *cum + panis*, onde *cum* quer dizer "com" e *panis*, "pão", ou seja, "participantes do mesmo pão".

A refeição é o momento de estar junto, em comunhão. Se os momentos de nossa refeição forem somente para comer e satisfazer o nosso apetite, não ultrapassarão a dimensão animal, pois afinal os animais também comem e bebem. A refeição é mais do que isso: é partilha não só da mesa, mas da vida. É troca de palavras, olhares, gestos. É disponibilidade de coração. É o momento de celebrarmos os dons que recebemos, de partilhar e compartilhar a nossa vida. O pão que dividimos com alguém é um dos momentos mais sagrados que existe, porque é ao redor da mesa que nos tornamos vulneráveis, necessitados e com o coração aberto para partilhar. Não se dê apenas ao comer e beber. Você está diante do próximo sendo o que você é, revelando o que é, fazendo o que você faz.

Em torno da mesa nos tornamos família, mesmo sem laços de sangue. Somos amigos, somos comunidade. A mesa é lugar de entrega, de doação, de escuta e de oferta de si mesmo. Se o altar é onde Deus se entrega em oblação, a mesa é o lugar onde me entrego ao outro. Não é por acaso que Cristo instituiu a eucaristia durante uma ceia, junto com seus discípulos, e com eles dividiu seu corpo e sangue em forma de pão e vinho.

Valorizar o momento da refeição, o estar junto ao redor da mesa, é buscar um caminho que me conduza ao coração do outro. É bom, pois, resgatar o hábito de comer em família, de estar com os amigos para partilhar uma refeição – que seja uma por dia, ao menos. É bom evitar que cada um faça seu prato e vá comer em frente à televisão, como se estivesse em qualquer lugar, de qualquer maneira.

Comer ao redor da mesa é uma ocasião muito especial para sentir-se família, companheiro e irmão.

Onde está minha segurança?

Onde você deposita sua confiança? Em que você coloca sua segurança? Onde está sua convicção? Para essas perguntas muitas vezes buscamos respostas que nos satisfazem somente naquele momento, para nos sentir melhor, e por isso mesmo elas costumam ser evasivas. Podemos dizer: "A minha segurança se baseia no meu sucesso. Consegui vencer na vida, batalhei sozinho, 'ralei' bastante, tenho um bom emprego, consegui estabilidade". Ou então: "A minha segurança está no meu dinheiro. Hoje sou rico e ali está a minha segurança".

Talvez nem pensemos assim, mas agimos como se cada uma dessas coisas nos garantisse nossa segurança. Quer dizer, nossos sentimentos, nosso jeito de agir, nosso modo de lidar com as pessoas demonstram que colocamos nossa segurança no dinheiro, nos bens, nas coisas.

Porém, quando perdemos dinheiro, amigos, emprego, nos deparamos com a dura realidade. A realidade de que todas essas coisas, que nos pareciam garantir uma vida segura e feliz, não passavam de ilusão. Nesse momento é que percebemos a importância de uma vida espiritual. Vida espiritual não é simplesmente pertencer a um grupo religioso. É mais do que isso. É ter a noção de que nossa existência não é mera casualidade perdida no universo, mas que somos profundamente amados e queridos por Deus.

Embora tudo isso possa ser bom – dinheiro, sucesso, popularidade, bens –, não será nada sem uma espiritualidade. Aos poucos, vamos constatando que nossa vida não se fundamenta nas coisas e nas pessoas somente, mas em algo mais profundo e eterno. Nossa vida se baseia em Deus.

Nossa vida, nossa segurança está em Deus. É n'Ele que colocamos nossa confiança, é n'Ele que nos sentimos seguros. Provavelmente, nós nunca seremos totalmente livres do dinheiro, dos bens, do sucesso, da popularidade – e isso não é necessariamente ruim. O que não está certo é pensarmos que podemos confiar apenas nas coisas e deixarmos de lado uma vida espiritual que nos abra para Deus e para o outro. Pois as coisas só terão sentido quando fizermos uso dos bens materiais para nos fazerem felizes e levar essa felicidade ao outro – e não para simplesmente absolutizá-las e colocá-las no lugar de Deus. Se quisermos viver neste mundo de modo verdadeiro e livre, é muito importante não pertencermos às coisas, mas a Deus – por inteiro, plenamente. Assim seremos felizes e, sendo felizes, faremos qualquer um ao nosso lado tão feliz quanto nós.

Para sentir as coisas de Deus

É incrível como não conseguimos desfrutar de tantas maravilhas ao nosso redor. Fico triste em saber que com tantas coisas bonitas que Deus nos deixou, saboreamos somente uma ínfima parte. Isso acontece porque nossa vida não é vivida, mas passada. Nós não "vivemos" a vida, "passamos" pela vida. A vida deixou de ser saboreada porque nós a vivemos como uma sucessão de fatos. Por isso quero lhe falar sobre a arte de poder desfrutar completamente das coisas.

Para ser capaz de desfrutar completamente das muitas coisas que nos rodeiam, para podermos usufruir tudo de bom que o mundo tem para oferecer, para podermos experimentar e sentir as maravilhas das coisas que Deus nos dá como presente, precisamos, por incrível que pareça, estar justamente desprendidos dessas coisas.

Sabe o que é ser desprendido? Ser desprendido não é ser indiferente ou desinteressado. É não ser possessivo. Para saborear as coisas, não podemos retê-las como se fossem nossa propriedade.

Quando você se torna possessivo, você não experimenta, não desfruta mais das coisas. Você passa simplesmente a usá-las, a tirar proveito delas. Isso acontece com as coisas e com as pessoas. Algo que você simplesmente usa, você não consegue saborear sua importância. Uma pessoa que é transformada em um objeto passa a ser, para você, somente um artigo para ser usado e não um dom precioso em que você pode saborear a presença do divino.

A vida é um presente de Deus, à qual devemos ser muito gratos. É um presente, e não uma propriedade à qual nos agarramos.

Uma vida desprendida é uma vida inteiramente livre. Mas essa liberdade só é possível quando temos a sensação de pertencer a Deus.

Pertencer a Deus, que nos enviou para proclamar o Seu nome, que nos enviou para fazer a criação mais bonita, para fazer o amor acontecer, para vencer a injustiça, a dor, o sofrimento.

Portanto, saber desfrutar das coisas belas que Deus nos deixou é, sobretudo, estar livre diante delas para que possamos saboreá-las e não tê-las como propriedade. O que se tem como posse é guardado e escondido, e dessa forma não é mostrado e partilhado. Não pode ser sentido, nem pelos olhos nem pelo coração. O que vem de Deus não é para ser posse de ninguém. O que vem de Deus pertence ao universo, que não tem proprietário.

O coração deve brilhar para todos

O que sinto no meu coração só interessa a mim e a mais ninguém! Será que isso está certo? Será que meus sentimentos, meus desejos e anseios devem estar encerrados para sempre no cofre do meu coração?

Quero conversar com você sobre o que vivemos publicamente e o que vivemos internamente. As pessoas dizem que tudo o que se faz na vida particular não interessa a ninguém. Na rua eu sou de um jeito, na igreja, de outro, no trabalho, mais diferente ainda, e na intimidade, outra pessoa. Será que está certo dizer que aquilo que faço intimamente não é da conta de ninguém?

Todo aquele que tem uma vida espiritual logo percebe que aquilo que é mais pessoal, aquilo que é mais íntimo, acaba se tornando mais universal. Parece um paradoxo, uma contradição, mas a realidade é assim, pois aquilo que é mais escondido, aquilo que está em nosso íntimo, é o que é mais público. Aquilo que é mais solitário é o mais comum a todos. Aquilo que ocorre no mais íntimo do nosso ser também é vivenciado por todas as pessoas. Pois, afinal, nossas experiências íntimas não são de todo original. O que penso, o que sinto, já foi pensado e sentido por outro. Aquilo que sentimos como solidão é solidão de todo mundo, pois a solidão não é um privilégio de alguns. Pois os sentimentos, embora sendo inúmeros, se repetem no ser humano pela maravilhosa capacidade que ele tem de se comover diante da dor e da alegria, da sensibilidade de chorar e sorrir, de amar e acolher, de se entristecer e perdoar. Tudo isso é muito comum naquele que foi criado à imagem e semelhança de Deus.

É por isso que as nossas vidas íntimas são para os outros. Não me refiro a segredos, coisas que não devem ser ditas, mas da intimidade de viver o dia a dia. Por isso nossos pensamentos mais secretos acabam influenciando a sociedade. Aquilo que pensamos secretamente acaba se manifestando externamente em nós.

Jesus disse: "Vocês são a luz para o mundo. Não se pode esconder uma cidade construída sobre um monte. Ninguém acende uma lamparina para colocá-la debaixo de um cesto. Pelo contrário, ela é colocada no lugar próprio para que ilumine todos os que estão na casa. Assim também a luz de vocês deve brilhar para que os outros vejam as coisas boas que vocês fazem e louvem o Pai de vocês, que está no céu" (Mt 5, 13-16). A luz do seu coração, muitas vezes escondida em sentimentos e experiências vivenciadas por você, deve brilhar para todos.

Aquilo que você sente em sua alma – amor, respeito, carinho, raiva, antipatia, alegria, tristeza –, enfim, tudo deve ser colocado para fora, para mostrar verdadeiramente como você é e aquilo que você faz. Caso contrário, passaremos por hipócritas, falsos. E mais: coisas que não são resolvidas e integradas acabam nos prejudicando no futuro, pois é como aquela panela de pressão, cuja válvula de escape tapamos para o barulho não nos incomodar – um dia, acaba explodindo.

Se o seu coração for generoso, que isso seja colocado para todo mundo ver e sentir. Se você passa por momentos de conflitos e tristeza, que isso seja partilhado para que o outro o ajude. A nossa vida não é para ser vivida de forma dupla. O que vivemos na vida íntima, vivemos para o mundo todo.

Conta-me a tua história

Ninguém gosta muito de contar seus segredos, de expor sua intimidade. Temos sempre o cuidado de trazer bem guardados aqueles segredos somente conhecidos pelo nosso coração.

Todos nós temos segredos, pensamentos, lembranças, sentimentos que trazemos no íntimo, no fundo de nosso ser – segredos que podem nos fazer mal. Podem nos fazer sentir culpados, envergonhados. Podem levar até mesmo a nos autorrejeitar. E o pior, coisas guardadas e não resolvidas podem nos causar depressão. Porque aquilo que não partilhamos com ninguém vai ficando muito pesado. Quando não tenho a opinião do outro, quando não tenho a presença do outro, aquilo que só eu sei vai se tornando um monstro. Monstro que cresce cada vez que tento afastá-lo de meus pensamentos.

Compartilhar nossos segredos em um lugar seguro e com quem confiamos é muito importante. A pessoa em quem confiamos é aquele amigo com quem se pode pensar alto, aquela pessoa com quem você partilha a vida, com quem você experimenta profundamente a amizade e a comunhão.

Quando temos com quem partilhar nossos segredos, nossas dificuldades, nossas dúvidas, aliviamos o que é pesado para nós: há mais alguém para dividir o peso de seu fardo. Então percebemos que não estamos sós, que temos amigos com quem partilhar, que nos amam profundamente, que nos aceitam do jeito que somos. Isso promove uma verdadeira cura: cura da rejeição, cura interior, cura que me transformará completamente.

Preconceito

O preconceito é, sem dúvida, o grande mal que atinge o coração e a alma do ser humano. É um sentimento que faz mal tanto para nossa vida quanto para nossa saúde espiritual. Viver sem preconceito é uma das tarefas mais difíceis para qualquer um.

Preconceito é quando formamos uma ideia antes de conhecer o fato. É isso que a palavra quer dizer: pré + conceito, um conceito prévio e temerário. Nós acabamos concebendo ideias sobre pessoas e fatos antes mesmo de os conhecer, antes de aprofundar e buscar a verdade. Algumas vezes esses preconceitos são inconscientes e estão arraigados dentro de nós. Trazemos, inconscientemente, conceitos prévios formados no seio da família e no ambiente da escola.

De repente, temos preconceito em relação a raça, religião, orientação sexual, classe social, estilo de vida das pessoas, e por isso nos afastamos delas às vezes sem saber a razão. Simplesmente dizemos que "não gostamos", sem uma explicação mais evidente do que cor da pele, escolaridade, condições financeiras, roupas, modo de ser. Criamos vários prejuízos. Prejuízo (pré + juízo) é um juízo irrefletido, que vem antes, assim como o preconceito. E todo preconceito é um prejuízo.

Devemos lutar contra o preconceito como quem luta contra uma ameaça fatal. Pois o preconceito nos leva à morte espiritual e causa destruição ao nosso redor.

Duas coisas são necessárias para vencer o preconceito. Primeiro, se você tem algum preconceito, descubra por que você não gosta daquela pessoa, daquela situação e por que você tem uma ideia preconcebida sobre esse alguém. De repente, você não encontra resposta. Então percebe que essa repulsa é irracional e ilógica – como é qualquer preconceito.

A segunda atitude, e que cura realmente o preconceito, é quando você começa a amar da mesma maneira que Deus nos ama. Deus nos ama sem condições, sem olhar para o que fazemos. Deus nos ama pelo simples motivo de sermos Seus filhos.

A partir do momento em que eu começo a amar, sem colocar condições, sem pedir nada em troca, descobrindo, nas pessoas, seus valores, vendo o que elas são e não o que elas fazem, o preconceito se vai.

Viva totalmente sem preconceito para viver feliz e fazer os outros felizes.

Não julgueis

Quando apreciamos uma obra de arte, ou ouvimos uma música, ou conversamos com alguém, imediata e inconscientemente já formulamos um juízo de valor: esta pintura é bela, esta música é de má qualidade, esta pessoa é agradável ou antipática. O fato de entrarmos em contato com uma realidade já nos dá condições de julgar. Não é sobre este julgamento que quero conversar com você, afinal ele é involuntário e faz parte do processo de conhecimento. Quero falar daquele julgamento temerário, irresponsável e fútil.

Julgamento é algo que atrapalha não só os outros, mas a nós mesmos, pois gastamos um tempo enorme do nosso dia, da nossa energia, formulando opiniões sobre outras pessoas. A sensação que temos ao organizar tudo na mente e formar um julgamento pode ser muito opressiva.

O julgamento prejudicial é aquele que, mesmo sem conhecer o outro, sem conhecer a situação, cria uma história sem fundamento, classificando a pessoa ou fato como ruim, feio, mal. Por isso a palavra "prejuízo" é a síntese desse comportamento doentio. Prejuízo é um pré-juízo, isto é, um pré-julgamento, uma conclusão tirada antes de se inteirar dos fatos. E o mais absurdo é que, se nos questionarmos sobre o que nos leva a pensar assim, não saberemos a resposta, pois se trata de uma conclusão infundada.

Os padres do deserto, aqueles homens que se refugiavam no total isolamento para viver em oração e meditação, diziam que julgar os outros é um fardo pesado e ser julgado pelos outros é um fardo leve. Por isso temos que fazer esforço para deixar aos poucos essa necessidade de julgar as pessoas. Isso melhorará sua vida e suas relações. Ao olhar para uma pessoa, olhe sem qualquer julgamento prévio, sem conceber nada que venha a destruir essa pessoa. Olhe como Deus olharia.

Sabe por quê? Porque, uma vez que nos livramos do julgamento, ficamos livres para a misericórdia. Quando deixamos de julgar os outros, permitimos que Deus ame com nosso coração. E assim olharemos todas as pessoas como nossos irmãos verdadeiros, e iremos ao encontro delas sem pensar nada além do amor que temos a lhes oferecer. Aprendamos com Jesus, que disse: "Não julgueis, pois, para não serdes julgados; porque com o juízo que julgardes os outros, sereis julgados; e com a medida com que medirdes, vos medirão também a vós" (Mt 7, 1-2).

Quando deixamos de julgar os outros, tornamo-nos realmente livres, pois passamos a amar e a ser amado sem reservas e sem muros.

Pequenos gestos, grandes mudanças

Tantas coisas acontecem na nossa vida, em nosso dia a dia! Tantas coisas terríveis – como catástrofes, dores, sofrimentos, mortes – que começamos a pensar se o pouco que fazemos, os pequenos gestos de amor, de compaixão, as discretas atitudes de bondade têm algum sentido.

Quando pensamos em pessoas morrendo de fome, nas guerras que matam inocentes, nos moradores de rua, nas crianças pedindo esmola nos faróis, parece que nossas melhores atitudes do dia a dia são fúteis, sem sentido algum, porque são aparentemente pequenas, sem poder para resolver os grandes problemas. Às vezes ficamos deprimidos e paralisados por causa do medo e da nossa impotência diante de tanto horror. Mas é exatamente nesse momento que entra o chamado. O chamado que Deus me faz é para eu me comprometer com aquilo que Ele coloca diante de mim. Àquilo que Deus me apresenta como desafio, devo responder com atitudes e gestos. Devemos ter consciência de que não somos chamados a resolver todos os problemas do mundo, a ajudar todas as pessoas, porque isto é impossível e ninguém está obrigado ao impossível. Se nos sentimos obrigados a resolver todos os problemas do planeta, nos veremos impotentes e nada faremos. Ficaremos chocados e cheios de compaixão, mas não resolveremos muita coisa. Não é a constatação do mal que resolve o mal, mas o agir contra ele.

Nós somos chamados a nos doar dentro de nossas possibilidades, dentro daquilo que podemos fazer em nossa família, em nosso trabalho, no mundo que nos cerca. Devo me comprometer com a realidade em que vivo, para que esta seja transformada. Pois esse pedacinho de mundo pode ser mudado pela minha boa vontade e isso já será de grande valor para o resto da humanidade.

Se eu conseguir fazer com que amigos separados novamente se deem as mãos, se eu conseguir fazer a paz acontecer em minha casa, se eu conseguir acabar com a fome de uma família, já estou fazendo a minha parte e tornando o mundo bem melhor. Assim, descubro que nossa fidelidade ao chamado de Deus é uma pequenina tarefa, é a resposta por um mundo mais justo, mais solidário, mais fraterno.

Ouvir e ouvir

Como é difícil escutar, nos colocar à disposição para ouvir o outro! Escutar é muito difícil, porque exige estabilidade interior, tempo, paciência e, sobretudo, silêncio – ou seja, que permaneçamos sem argumentos, sem discurso, sem declarações.

O verdadeiro ouvinte é aquele que simplesmente deixa que o outro fale, que o outro faça morada naquele que ouve. Ouvir não é se colocar na posição de conselheiro, analisando o que ouve para depois comentar. Ouvir não é ser "guru", aquele que supostamente indica pistas para se viver melhor. Ouvir não é ser psicólogo para tentar descobrir significados ocultos por trás das palavras. Ouvir não é ser o sacerdote que dá lições para que o outro se torne um bom cristão. Ouvir não é estar em uma posição privilegiada, como se o outro dependesse de você.

Ouvir é dar atenção ao outro, olhar nos olhos, ouvir com o coração, com os sentidos. Ouvir é receber a pessoa no interior de nosso ser. Ouvir é deixar que o outro penetre em nós e comungue conosco. Ouvir é deixar que o outro se misture a nós, de modo que ele viva em nós. É isso que vai trazer alívio e força para aquele que lhe pede para ouvir.

Por isso é que se diz que a escuta é uma forma de hospitalidade espiritual. Você se abre para receber a pessoa e, ao se abrir, convida estranhos para se tornarem amigos e a partilhar plenamente consigo os seus sentimentos. Assim, a estrada da nossa existência será menos penosa, e a caminhada, mais cheia de alegria.

Para estar com quem sofre

Você já percebeu como é difícil estar ao lado de uma pessoa que você gosta muito e que passou por momentos difíceis de morte, trauma, perda, dor? É difícil porque às vezes não sabemos o que dizer. Ficamos procurando palavras que possam consolar. Buscamos exemplos de pessoas que também passaram por momentos semelhantes. Diante do amigo que está com o coração partido pela dor, nossa tentação é dizer aquelas frases prontas para consolo: "Deus sabe o que faz" ou então "Deus quis assim" ou "Ele está melhor do que nós" ou "Descansou...". Nenhuma dessas frases vai trazer consolo, nem aliviar o coração. Quem sofre a dor da perda não quer ouvir palavras nem frases feitas para uso em determinadas ocasiões.

Será mesmo que é preciso falar? Diante de um amigo, de uma pessoa que amamos e que sofre uma dor terrível e atroz, não é preciso dizer nada, não precisamos usar jargões, frases de efeito. Basta a sua presença. Basta dizer simplesmente: "Olhe, sou seu amigo, e estou feliz por estar com você".

Sabemos que é possível dizer tudo isso em silêncio, sem pronunciar uma palavra sequer. Basta ficar ao lado da pessoa, sem dizer nada. Faça-a sentir sua presença e seu amor. Mostre que você está ao lado dela, sofrendo com ela.

E se você quiser dizer alguma coisa, diga simplesmente: "Estou aqui. Estou ao seu lado. Estou pensando em você, estou rezando por você. Estou simplesmente amando você".

A árvore e o bambu

Certa vez ouvi uma história interessante sobre as diferenças entre a árvore e o bambu. Aquilo me marcou profundamente, pois fiquei vários dias pensando na arte de ser flexível diante do mundo e dos acontecimentos. Gostaria de compartilhar com você essa minha reflexão.

O que é mais forte: a árvore ou o bambu? As árvores frondosas parecem que são mais fortes e mais resistentes que os bambus. As árvores têm troncos robustos, e o bambu, aquele caniço de aparência tão frágil. Mas quando vem a tempestade, o furacão, o vendaval, as árvores são arrancadas pela raiz, enquanto o bambu balança de um lado para o outro de acordo com o vento, mas permanece firme, enraizado. E ali ficam até que a tempestade se acalme.

O que é isso? É a virtude da flexibilidade e da tolerância. Quando nos prendemos às nossas próprias posições, aos nossos conceitos e às nossas tradições cristalizadas, não nos dispomos a deixar nosso coração oscilar, balançar um pouco pelas ideias, pelas ações dos outros. Somos firmes nas nossas posições, nas nossas conclusões, não deixamos que a ideia do outro venha ao nosso coração. Quando somos muito intolerantes e agarrados aos nossos conceitos, podemos facilmente nos quebrar ou ser arrancados.

Ser como bambu não é ser "maria vai com as outras". É oscilar, balançar e ser dócil com o vento que vai e vem. É ouvir um, escutar o outro, acolher ideias diferentes e não resistir diante do desconhecido. O bambu oscila entre um lado e outro e, assim, de uma maneira serena e calma, sem perder suas convicções, exercita a caridade e o respeito de ouvir e ir ao encontro do outro. A rigidez das árvores é inflexível, cheia de opinião, sem humor, e pode nos levar à amargura, à rigidez que é levada pela raiz em meio ao vendaval.

Ser flexível é ouvir a opinião do outro. É curvar-se, é estar com o outro, mesmo que ele não pense como você. Ser flexível é ter abertura de coração. Ser flexível é uma virtude que nos mantém firmes na nossa fé, em nossa opinião, mesmo que venham tempestades e ventos fortes. Ser flexível como o bambu é ser tolerante com o diferente. É buscar nova forma de viver onde as opiniões não entrem em conflito, mas se encontrem na construção de uma vida e de um mundo melhores.

Tempo de reparar

Você já percebeu que tendemos a colocar de lado ou jogar fora o que está danificado em vez de consertar e reparar? Sempre usamos a velha desculpa: não temos tempo. Achamos mais fácil e cômodo jogar fora e comprar outro.

Fazemos isso com as coisas e também com as pessoas. Muitas vezes alguém chega até nós com um pequeno defeito e nós a descartamos. Se aquela pessoa tem problemas com alcoolismo, drogas ou está deprimida, eu a descarto porque não vou perder tempo tentando "consertar" essa situação e procuro não me envolver com ela. Afinal, tentar reparar uma situação de sofrimento e dor leva tempo, e o mundo nos faz cada vez mais pragmáticos e egoístas, impedindo que "percamos" tempo com o outro e com seus problemas. Preferimos desviar a atenção a dispor de tempo para que o outro cresça.

Quando desprezamos as pessoas por causa de uma limitação, impedimos que ela desenvolva seus dons, que ela vença seus limites, se cure e supere aquilo que chamamos de defeito.

Todos nós temos defeitos, todos somos fracos, como caniços rachados e frágeis. Se todas as pessoas começarem a nos desprezar por causa de nossos defeitos, não sobrará ninguém.

Você já percebeu quantos defeitos você tem e quantas coisas erradas você faz e mesmo assim não foi desprezado nem jogado no lixo? Apesar disso, você acha que sempre merece uma chance e acredita que possa ser consertado e mudado.

A vida verdadeira é aquela em que nós acreditamos no outro e em sua força para superar os defeitos. A força que se esconde justamente na fraqueza, pois, se nos sentimos fracos, buscamos força em algum lugar para nos superar.

Se olharmos para nossas fraquezas e não as enxergarmos como obstáculos, e sim como desafios, seremos tão fortes que nada nos deterá. Não haverá mais barreiras e poderemos ser cada dia melhores.

Amigo de mim mesmo

Você é amigo de você mesmo? Você se ama verdadeiramente? Responda com sinceridade. Seja justo e honesto.

Esta pergunta é muito importante, pois não podemos desenvolver boas amizades e um relacionamento amoroso sem amor verdadeiro por nós mesmos, sem que sejamos amigos de nós mesmos.

Como podemos nos amar? Como posso amar e ser amigo de mim mesmo?

A primeira coisa é reconhecermos a verdade sobre nós mesmos. Temos que ser justos conosco. Somos bonitos, mas limitados; ricos, mas também há pobreza. Somos generosos, mas também, às vezes, avaros. Além disso, somos almas criadas por Deus, pequenas fagulhas, centelhas do Criador.

Você já imaginou que, por ser imagem e semelhança de Deus, você é sagrado e por isso deve se respeitar e ao outro como sagrados? Não ver no outro o sagrado e o divino causa desrespeito, rancor e ódio. Falta-nos reconhecer-nos amados por Deus, participantes de seu amor, para sermos amigos de nós mesmos e nos amarmos verdadeiramente. Amar-se verdadeiramente para poder amar o outro, eis a grande verdade e o segredo que desvenda o caminho para uma vida feliz e sem traumas. Quando eu me convenço de que sou imagem e semelhança desse Deus grandioso, que sou esse pedacinho do amor de Deus posto na Terra para amar a mim mesmo e aos outros, passo a me respeitar e a querer o melhor para mim, ao mesmo tempo em que busco ser o melhor para o outro, pois, se sou um traço de Deus, o outro também é, e por isso há uma profunda comunhão entre nós.

Ame-se e você sentirá um amor profundo pelos outros e por Deus. Ame-se e sua vida será transformada! Ame-se para que você possa experimentar a verdade de amar e ser amado!

Conhece-te a ti mesmo

Muitas vezes nosso grande desconhecido não é o outro, mas nós mesmos. Pensamos que nos conhecemos, mas, quando mergulhamos no íntimo de nosso ser, nos deparamos com alguém que jamais sonharíamos encontrar. Por isso gostaria de falar com você sobre autoconhecimento. Não vou ensinar, mas quero dar algumas pistas para que possamos nos conhecer melhor.

Conhecer-se a si mesmo não é analisar-se, simplesmente. Não é procurar defeitos ou relacionar qualidades, como se estivéssemos diante de um questionário a ser preenchido. Às vezes queremos nos conhecer como se fôssemos uma máquina que pudesse ser montada e desmontada à vontade.

Cometemos um grande engano ao pensar que podemos nos conhecer sem explicar ao outro o significado de nossa vida. Pensamos que podemos resolver nossos problemas e nos entender completamente sem dar ao outro a possibilidade de conhecer o significado de nossa vida. E para que o outro me conheça, é necessário que eu me conheça e me aceite integralmente.

O silêncio, a oração, o momento de estar sozinho são os melhores meios de nos conhecer. Não oferecem soluções para os nossos problemas, mas nos fazem entrar em contato com o nosso centro, ali onde habita Deus.

Santo Agostinho nos ensina que para conhecer Deus devemos nos conhecer interiormente. Quanto mais nos conhecemos, mais encontramos Deus. É o lugar onde rezamos, é o lugar onde damos graças, é o lugar onde entramos em comunhão com o divino da nossa existência.

Para se conhecer, entenda seu coração. Sabendo que Deus habita em seu ser, você não pode se julgar sem valor, sem qualidades. Você não tem o direito de se considerar desprezível e muito menos achar que sua vida não tem sentido. Sabendo que Deus habita no seu íntimo, você deve se alegrar, pois traz parcelas do Criador na sua essência.

Diante de Deus, não se faz uma análise fria e cartesiana, mas se reza, se dá graças ao Senhor, ou, simplesmente, silencia-se e sente-se Deus, que habita dentro de você.

Viva e deixe-os viver

Minha conversa agora é com os pais, principalmente com aqueles que querem guardar, reter os filhos para si.

Os filhos são os convidados dos pais. Os pais convidam os filhos para fazerem parte da família, do círculo de amor de uma estrutura familiar. Os filhos entram nesse espaço que os pais prepararam e permanecem por um tempo – desde o nascimento até os vinte, vinte e cinco, trinta anos – e depois partem para criar seus próprios espaços. Embora os pais digam "nosso filho", "nossa filha", eles não são suas propriedades.

Muitas vezes os pais querem ter e reter os filhos, como se eles não pudessem conquistar seu espaço e ser donos de suas vidas. Isto é uma maneira possessiva de se formar uma família, pois o pai e a mãe agem como proprietários, repetindo aquele modelo patriarcal ultrapassado, formando seus filhos não para o mundo, mas para si, em um movimento egoísta e mesquinho.

Os pais têm que conhecer seus filhos, descobrir suas forças, suas fraquezas, e guiá-los. Fazer com que cheguem à maturidade para que possam tomar suas próprias decisões.

O maior presente que os pais podem dar aos filhos é o amor. É por meio deste amor que eles criam um ambiente em que os filhos crescem sem neuroses, sem ansiedade. E podem, assim, desenvolver a autoconfiança e encontrar a liberdade de escolher seus próprios caminhos e a verdadeira felicidade.

Arrumando gavetas

Alguns dias atrás, resolvi arrumar as gavetas de minha mesa de trabalho. Fui percebendo que há bastante tempo não parava para limpá-las e que havia acumulado muita coisa desnecessária. Abri uma por uma e não sabia por onde começar, tal era a bagunça em que se encontravam. Sabe que eu nem percebia que estavam tão desorganizadas assim? Afinal, estavam sempre fechadas, não conseguia enxergar a desordem. Foi só começar a mexer e fui percebendo que eu, há muito tempo, deixara de lado coisas que deveriam ser feitas sempre – como limpar periodicamente aquelas gavetas. Então me pus a limpar. Queria jogar coisas fora e ao mesmo tempo guardá-las, pois pensava que um dia poderia usar. E assim me organizei: colocando de um lado o que iria para o lixo e, em outro, aquilo que deveria ser realmente guardado para, quem sabe, um uso posterior. Quando terminei aquela seleção, percebi que o que iria para o lixo não continha nada. Resultado: não consegui jogar nada fora, pois não conseguia me organizar. Mexi, remexi, e não resolvi nada. As coisas que deveriam ser jogadas fora estavam lá, intactas e me incomodando. Mas por que não conseguia me desfazer do que já não prestava mais? Por que não tinha coragem de me desfazer de coisas antigas? Fui notando que, não por falta coragem, mas por comodidade, não analisava de modo profundo aquilo que deveria ser descartado. Então dava uma olhadinha por cima, mudava de gaveta, e tudo continuava ali.

Em nossa vida temos gavetas e mais gavetas em que vamos guardando tudo, sem encontrar tempo para organizá-las. Conhecemos pessoas, passamos por alegrias, tristezas e decepções e tudo vai sendo guardado nas gavetas de nossa alma. E por não encontrarmos tempo para limpá-las, chega um momento em que não aguentamos mais e estouramos. Essa explosão nos faz amargos, tristes e depressivos. Em vão, buscamos respostas para o que estamos passando nas coisas e nas pessoas. As respostas, porém, estão dentro de nós. Melhor, as respostas estão em não termos tempo para arrumar nossas gavetas. Há muita coisa ruim guardada nelas: rancor, desamor, ciúmes, invejas. Há também muita coisa boa como lembranças agradáveis, amores vividos, encontros felizes – que, no entanto, estão contaminadas pelos "guardados ruins". Por isso é necessário arrumar as gavetas desordenadas de nossa vida. Comece hoje mesmo. Não! Não me venha com a desculpa de que hoje é domingo e que vai começar amanhã, junto com o seu regime, porque isso não cola mais. Comece agora. Vamos lá. Abra a sua alma e coloque para fora suas lembranças. Vá dizendo para você o que já viveu de bonito. Ao lembrar, se delicie com a lembrança, ria, solte aquela gargalhada gostosa recordando um dia feliz. Lembre-se agora das pessoas que ama e das que amam muito você – agradeça a Deus e guarde tudo isso muito bem.

Agora vamos para a parte mais difícil: lembre-se dos momentos difíceis, isso mesmo, daquelas horas amargas. Lembre-se daquela decepção, daquela traição, daquela calúnia contra você. Lembre-se das lágrimas derramadas. Vai ser duro se lembrar de tudo isso, mas deixe que passe diante de você como um filme. Agora jogue fora tudo isso. Não guarde nada. Tudo para o lixo. Como? Dizendo em voz alta pra você mesmo: "Eu estou jogando fora essas lembranças porque elas não me pertencem mais". Depois, volte a organizar suas gavetas com as coisas boas e lembre-se novamente daquilo de bom que tem lhe acontecido. E sorria novamente. Assim vamos ordenando as gavetas da alma. Pois temos acumulado muita coisa que não presta, pensando em usá-las um dia. Quem sabe até guardando para usá-las como vingança. Mas tudo isso é bobagem. Em nossas gavetas interiores só devemos guardar coisas boas. Aquilo que não presta pertence ao lixo – e você não é lixeira. Não transforme sua existência em um depósito de lixo, acumulando coisas que devem ser descartadas. Você é mais. Você é a imagem e semelhança de Deus.

Caneta e papel na mão!

Dizem que conselho e água só se dá a quem pede. Mesmo que não tenha me pedido, vou lhe dar um conselho que acho bom e útil para a vida espiritual e o dia a dia.

Trata-se de um conselho bem simples: escreva. Isso mesmo, escreva. Escreva suas emoções, seus sentimentos, sua raiva, sua alegria. Escreva sobre o que achou de feio ou de bonito. Escreva. Pegue uma folha de papel e escreva. Escrever pode ser uma verdadeira disciplina espiritual.

Escrever pode nos ajudar a concentrar, a entrar em contato com os sentimentos mais profundos do nosso coração. Escrever ajuda a clarear nossas mentes. Escrevendo você estará saindo de si e se transportando para o papel, para a letra, para a escrita e, assim, começará a se ver e a se analisar.

Escrevendo você elabora emoções confusas. Coisas que não conseguimos pensar corretamente, falas que não saíram como queríamos. Ao escrever conseguimos dar uma sequência ao nosso pensamento e organizá-lo. Nesta altura da leitura você deve estar perguntando: "Mas o que esse padre está falando tanto de escrever? Será que ele não devia estar me ajudando a rezar, a meditar sobre Deus e suas maravilhas?". Mas lhe digo que gostaria de ajudá-lo a rezar e a pensar no Criador através dessa dica. Escrever pode fazer a gente refletir sobre nossas experiências. Com a escrita começamos a perceber coisas que ficam escondidas pelo barulho do mundo.

Escrevendo, começamos a notar as maravilhas de um Deus magnífico, pois, quando escrevemos, expressamos artisticamente o que vivenciamos, tudo se transforma em poesia. Escrever pode ajudar a armazenar e dar significado a acontecimentos de nossa vida. Traz à nossa mente coisas boas e ruins. As coisas ruins descartamos e jogamos no lixo. Por isso, escreva as experiências negativas, aquilo que o magoou ou entristeceu, leia e queime. Deixe tudo isso virar cinza a ser levada pelo vento. Os momentos bonitos você deve escrever com alma de poeta. Enfeite as letras e não economize palavras. Lembre-se de tudo o que aconteceu de bom e transforme em prosa ou poesia que se perpetue no papel e no seu coração. Leia. Releia. E viaje nos pensamentos e lembranças dos momentos belos que não podem ser esquecidos. Como é bom escrever sobre a sua vida, seus sentimentos, sejam eles bons ou ruins!

Escrever também pode ser gratificante para os leitores. Aquilo que você escreveu pode ser muito útil para o outro, ajudando-o a crescer. Com muita frequência você tem um dia difícil e frustrante. Ele pode ser redimido, liberto, transformado, pode ser salvo quando você escreve sobre ele. Talvez não tenha sido tão difícil e tão frustrante como você pensou. Faça um teste. Quando passar por um dia daqueles, em que tudo deu errado, no final do dia, escreva.

Ao escrever, podemos resgatar aquilo que vivemos, incorporando a experiência – já que aprendemos com tudo. Mas se você passou um dia gostoso, com grandes realizações, escreva sobre essa vitória e perceba como foi forte e capaz. Escrever pode salvar nossas vidas quando percebemos a beleza que muitas vezes não notamos. E pode salvar a vida dos outros quando estes crescem com a sua experiência, marcada pela determinação e pela força de vontade.

Grandes árvores nascem de sementes miúdas

Estamos acostumados a contemplar os heróis que mudam o rumo da história com seus feitos grandiosos. Crescemos ouvindo histórias de personagens que realizaram, através de poderes especiais, ações monumentais para que outros pudessem ser salvos de bandidos ou monstros. Dessa forma pensamos que a única maneira de fazer algo pelo outro ou pelo mundo é por meio de ações igualmente monumentais.

Tem gente que acha que são grandes feitos que mudam a história. Há pessoas que acreditam que somente ações espetaculares conseguem mover os corações. Há aqueles que pensam ter necessidade de um registro em livro para serem lembrados pela história. Há também aqueles que pensam ser necessária a inclusão na lista de canonizados para serem considerados santos. Ora, heróis, santos, homens e mulheres grandiosos não são forjados pelas grandes ações históricas. Grandes personagens são frutos da obstinação, da perseverança e da entrega total de si em gestos simples e pequenos.

Enganamo-nos a nós mesmos pensando que gestos de grande visibilidade são os que vão fazer o mundo melhor e mais bonito. Talvez por isso sempre estejamos esperando um super-herói aparecer em nossa vida ou no governo. É a velha história do "salvador da pátria" que transformará a noite escura em dias de sol radiante. Ficamos à espera de um "super-homem" que há de chegar voando com sua capa vermelha para nos arrebatar do caos. Estranhamente, acreditamos que as grandes mudanças só acontecem com ações pirotécnicas e repletas de *glamour*. A simplicidade não nos diz muito. Parece que o simples é coisa chinfrim, sem graça, sem o tempero do extraordinário. Enfim, não damos importância à simplicidade.

Jesus foi bastante claro quando comparou o Reino de Deus à semente de mostarda. Ora, a semente de mostarda é a menor de todas e, sendo pequenina, quase insignificante, transforma-se em uma árvore grande, capaz de fazer sombra (Mc 4, 2). Ali vemos que o que importa não é o tamanho da semente, mas o que ela pode produzir.

Por isso os santos já nos ensinavam que uma pequena atitude, que pequenos gestos, quando feitos com amor, podem mudar o mundo. O próprio Jesus é Aquele que com gestos pequenos transforma corações e muda o rumo da história. Jesus é Aquele que usa linguagem simples, exemplos corriqueiros e comparações do dia a dia. Jesus é simples, pois a verdade e a beleza são simples.

Às vezes deixamos de fazer algo pelo bem do outro porque julgamos que nosso gesto é modesto demais e assim jogamos fora uma grande chance de realizar algo bonito através de um pequeno gesto. Não é preciso buscar altos cargos nem esperar muito tempo para fazer algo. Faça agora, na sua casa, em seu trabalho, na escola, em qualquer lugar. Aja sempre movido pelo amor. Seus gestos, suas palavras sempre serão um diferencial na vida do outro.

Não se importe com o tamanho de seu gesto. Importe-se, sim, com a intensidade de amor com que você o faz, é isso que realmente importa. Lembre-se da semente de mostarda. Pequenina, mas que com a intenção de ser grande e frondosa, faz o mundo ficar mais bonito.

Que seus gestos e atitudes sejam como essa semente: pequeninos, mas repletos de amor.

Quero ser Quixote

O cavaleiro de triste figura. Assim é chamado há tempos o grande dom Quixote de La Mancha, personagem criado pelo escritor espanhol Miguel de Cervantes (1547-1616). Homem de coragem que enfrentou gigantes e, com apenas seu fiel escudeiro Sancho Pança, duelou com exércitos e lutou contra inimigos quase invencíveis. Este é o herói que, montado em seu cavalo Rocinante e movido pela paixão por sua Dulcineia del Toboso, teve coragem de pôr abaixo grandes inimigos.

Quem não conhece a história de *O engenhoso fidalgo dom Quixote de La Mancha* deve ler essa obra-prima. Dom Quixote se imagina cavaleiro e vê moinhos de vento como se fossem gigantes. Olha para um rebanho de carneiros e enxerga um exército de inimigos. Nada o detém. Ele luta e corajosamente não desiste. No decorrer do livro, esse cavaleiro andante muitas vezes é ridicularizado, açoitado pelos que passam, preso, e todos querem fazê-lo desistir. Mas há uma força que o move: o amor por Dulcineia. Por ela Quixote é capaz de enfrentar tudo e tudo sofrer. Ele não tem medo de gigantes nem teme exércitos. Nunca foge do perigo e sempre se lança ao combate. Ah, Dulcineia! O amor de dom Quixote é mais forte que o medo. E bem mais forte que a morte.

É isso mesmo, a única coisa que nos faz enfrentar nossos medos é ter um objetivo mais nobre e honrado. A grande força que transforma um decadente fidalgo espanhol em cavaleiro destemido é o amor. A única força criativa e que gera vida verdadeira é o amor. Quando somos movidos pelo amor, tornamo-nos intrépidos cavaleiros que enfrentam as mais desesperadoras situações.

Somos, a cada instante, ameaçados pelo medo e muitas vezes permitimos que ele nos vença. Somos intimidados pela tristeza e deixamos que ela nos domine. Somos desafiados pelo desespero e sucumbimos diante dele. Temos medo do futuro, de perder o emprego, de não ser reconhecido, de não ser amado, de não ser famoso, de ser gordo ou magro. Somos dom Quixote às avessas. Sentimos medo de tudo. E nos escondemos em nossa armadura enferrujada.

É preciso despertar o grande cavaleiro que há dentro de nós. É preciso arder nosso coração por Dulcineia. É preciso descobrir algum Sancho Pança. É preciso vencer os gigantes e inimigos.

Queremos ser Quixote. Somos amados por Deus, e o Criador nos fez para a felicidade. Realizamos o projeto de Deus e o nosso quando somos felizes. E não somos felizes porque temos medo. Medo de tudo. Medo da própria felicidade. A Dulcineia que buscamos pode ser o amor pela vida, o amor por alguém, o amor pelo encontro, o amor em Deus. Este amor que é origem da mais plena felicidade, este amor que a *Bíblia* diz que "é forte como a morte" (Ct 8, 6). Seja um Quixote e transforme seus medos em moinhos decadentes que nada podem contra você. Você é maior e luta por um amor maior. Mas para que essa luta seja vitoriosa é necessário um Sancho Pança, isso mesmo, um amigo fiel. Ninguém caminha nem luta sem ter ao lado um amigo. Afinal, "quem encontrou um amigo, encontrou um tesouro" (Eclo 6, 14). E o grande amor pelo qual vivemos e pelo qual gastamos nossa vida é o amor de Deus – sim, esse amor pleno e perfeito cujas nuances encontramos nas pessoas que amamos e com as quais dividimos nossas vidas.

Não tenha medo de não ter medo. É isso que Dom Quixote nos diz em suas andanças. Nada pode nos fazer desistir dessa viagem fascinante. Se o medo nos paralisa, montemos em nosso cavalo e lutemos com toda a nossa força. Se as pessoas rirem de nós e tentarem nos dissuadir de nossa luta, gritaremos forte: Eia, Rocinante! Vamos, Sancho Pança! Nada pode deter um cavaleiro que não conhece o medo.

Podar para crescer

"Eu sou a videira verdadeira, e meu Pai é o lavrador. Todo ramo em mim, que não dá fruto, ele o tira; e limpa todo aquele que dá fruto, para que dê mais fruto. Vós já estais limpos, pela palavra que vos tenho falado" (Jo 15, 1-3).

Jesus usa uma linguagem camponesa para nos transmitir uma grande verdade. Ao dizer que Deus "limpa todo ramo que dá fruto", ele quer nos lembrar que "limpar" é cortar aqueles ramos que não são necessários, que estão sobrando nas árvores. Limpar é tirar tudo que é excessivo e supérfluo. Limpar para produzir mais. Limpar para crescer mais. Limpar para ter mais força e vigor.

A natureza usa de um recurso interessante para que uma planta possa passar a produzir mais e melhor. Geralmente, quando uma árvore frutífera ou até mesmo uma planta ornamental vai crescendo, percebe-se que vão se acumulando galhos retorcidos, ramos desnecessários que vão, aos poucos, tirando a beleza daquele vegetal, ao mesmo tempo em que vai sugando sua seiva e deixando-o mais fraco, sem vigor. É nesse momento que é necessário a poda. Podar é cortar. Eliminar os galhos que roubam a beleza. Cortar os ramos que minam a força daquela planta. A poda se faz cortando. A poda dói, pois fere profundamente a árvore. Talvez aquela árvore não entenda o porquê da poda, mas ela é necessária para a saúde da planta. É isso que Jesus fala quando Ele nos compara a árvores que precisam ser podadas.

Em nossa vida vamos acumulando galhos de vaidade, ramos de orgulho. Grande quantidade de ódio, vingança, falta de perdão, situações mal resolvidas – são ramos e galhos que corroem o nosso vigor. Se não fizermos algo, isso pode nos levar à morte. Por isso é necessário estarmos preparados para essa poda terapêutica.

Precisamos cortar de nossa vida o supérfluo, o desnecessário. Às vezes, como a árvore que não entende o porquê da poda, também não entendemos os cortes que, profundamente, dilaceram nossa existência. São os cortes que nos machucam, as podas necessárias que nos ferem, mas que proporcionarão uma limpeza em nossa vida. Assim como a poda acontece para que a árvore sobreviva e produza mais, os sofrimentos, os momentos difíceis pelos quais vamos passando são exatamente para nos fazerem crescer e viver melhor.

É difícil entender o sofrimento ou um momento de dor. Também é difícil entender por que é necessário cortar ramos e galhos para que uma planta cresça mais. Mas são as podas que garantirão a vida nova. São os cortes profundos que possibilitarão brotar o verdadeiro sentido de nossa existência.

Não tenha medo das podas que a vida nos impõe. Use-as para crescer e seja feliz.

Pronto para morrer?

Vou conversar sobre um assunto que até pode parecer estranho e esquisito. Estar pronto para morrer. Isso mesmo. Temos muitos preconceitos e barreiras para falar sobre esse assunto. Pois começo afirmando que a morte não é feia. Pelo contrário, ela é muito bonita. Estar pronto para morrer é uma forma de se aproximar de Deus.

A morte acontece de repente em nossa vida, ninguém se prepara para enfrentá-la. Ela pode nos surpreender em um acidente, em uma briga, em uma guerra, em uma inundação. Quando nos vemos tão saudáveis, cheios de vida e energia, a morte nem passa pela nossa cabeça. Mas ela não vem só para quem já viveu muito ou padece de doenças graves.

Como, porém, é estar preparado para morrer? Esse preparo pode começar por algumas perguntas: "Será que perdoei quem deveria ter perdoado? Será que magoei alguém e preciso ser perdoado?". Estar preparado para morrer é pensar que o meu dia deve ser de paz – paz comigo e com todas as pessoas que encontrar. Estar preparado para morrer é relacionar-se bem com Deus, é encher a vida de alegria, de perdão, de misericórdia. Estar preparado para morrer é estar sempre com as mãos abertas, dispostas a ajudar os outros.

Quem não está preparado para morrer vive somente para si, não se preocupa com o outro, não é solidário, não se compromete com a justiça e o amor. Estar preparado para morrer é se perguntar a cada momento: "O que posso fazer para ser melhor e fazer o outro melhor?".

Aqui está o segredo: estar preparado para morrer é estar realmente pronto para viver. Você está apto para viver se você vive sempre na constância da misericórdia, do amor, do respeito, da solidariedade, da justiça.

Se estou preparado para morrer, estou totalmente preparado para viver bem e fazer com que os outros vivam bem.

Tão fraco e tão forte

Pare e contemple o universo. É isso mesmo. Nesta exata hora do dia em que você lê estas palavras – por mais incrível e estranho que isso pareça. Quero que comece a pensar, a olhar ao seu redor, e comece a perceber o universo. Quando olhamos as estrelas, quando deixamos nossa mente vagar pelas galáxias, quando fechamos os olhamos e começamos a pensar na imensidão do universo, nós nos sentimos tão pequenos e tão insignificantes! Pense no que você é e imagine o tamanho infinito do universo. Você é uma poeirinha aí em um canto do universo. Nós nos sentimos tão diminuídos e insignificantes que até aquilo que a gente faz ou fala perde importância diante da imensidão. Parece que tudo o que somos e fazemos é completamente inútil.

Mas se a gente olhar dentro de nossa alma, tudo muda. Tire o seu olhar do universo, da galáxia, e olhe para dentro de você mesmo. Deixe sua mente vagar na galáxia infinita que é você. Deixe sua mente vagar na sua vida interior. Perceba o que há dentro de você – e verá que você é tão grande e tão importante que tudo o que fizer, falar e pensar terá uma relevância infinita.

Sabe por que estou dizendo isso? A gente tem que considerar a relatividade de nossa vida: o que somos em relação ao universo, o que somos em relação a nós mesmos. Sempre temos que considerar os dois lados, sempre temos que perceber que a beleza de sermos o que somos é justamente o equilíbrio entre esses dois lados.

Preste atenção! A gente tem que ser humilde, mas ao mesmo tempo confiante; ser bem-humorado, alegre e brincalhão, e ao mesmo tempo sério. Não dá para ser sempre brincalhão ou ser sempre sério. A gente tem que ser responsável, e ao mesmo tempo ter leveza para levar a vida. O ser humano é muito pequeno e frágil e ao mesmo tempo muito grande e forte. Parece contradição, mas é a nossa natureza. É nessa contradição que encontramos Deus. A espiritualidade é a única forma de encontrarmos o equilíbrio.

Palavras do coração

As palavras que proferimos não podem sair simplesmente da nossa boca sem antes passar pelo coração. Palavras que brotam somente da boca nada produzem. Palavras feitas apenas de articulação, fonemas, estalos da língua não criam raiz, não frutificam, e nada semeiam na alma de nossos semelhantes. A palavra, para ser geradora de verdade, deve sair do coração para depois ser pronunciada.

A *Bíblia* já dizia isso há muito tempo: "Esse povo me honra com os lábios, mas seu coração está longe" (Is 29, 13). É como se fosse uma reclamação de Deus.

Se quisermos ser autênticos e pronunciar palavras que realmente produzam algo na vida do outro, primeiro devemos pensar com o coração, ser autênticos, verdadeiros. Não devemos dizer palavras aduladoras, aquelas para satisfazer o ego do outro ou para obter alguma vantagem.

Não podemos fazer da palavra mero instrumento de dominação. Algo que é tão bonito e criativo não pode ser usado para destruição. A palavra deve sair de nossa boca para elevar as pessoas, trazer esperança, mostrar o caminho da verdade e da justiça, transformar os corações e fazer algo de útil na vida do outro. As palavras devem ser forjadas no coração, sede do sentimento, crivo da caridade e do amor.

Muitas palavras acabam por promover justamente o que chamamos de "fofoca", maledicências, calúnias, críticas destrutivas.

As palavras que saem do coração constroem, mostram o caminho certo, edificam o irmão. Estas palavras são realmente palavra de Deus. No dia da criação do mundo, segundo o Gênesis, Ele disse "Faça-se!" e a vida aconteceu. Nós também, ao falarmos, semeamos palavras de vida que nos levam ao encontro de Deus.

Autoridade e obediência

"Manda quem pode, obedece quem tem juízo." Não é assim que diz o ditado? Em um primeiro momento, de fato, parece que a autoridade se sobrepõe e até se opõe à obediência, que uma coisa é o contrário da outra. A verdade é que autoridade e obediência jamais podem estar separadas: elas convivem. Mas sempre corremos o risco de separar aquele que obedece daquele que tem autoridade.

Quando separamos os dois lados da moeda, favorecemos o comportamento autoritário de um e a submissão do outro. E havendo um comportamento autoritário sobre uma postura submissa, corrompe-se completamente o sentido de autoridade e obediência, porque ser autoritário não é ter autoridade e ser obediente não é ser submisso.

A essência do autoritarismo é negar ao outro a chance de escolher, de optar, de ter outra opinião. O autoritário, porém, nada mais é que uma pessoa insegura que se protege com sua posição privilegiada para se sobrepor ao outro e esconder suas fraquezas. O submisso é igualmente inseguro sobre o que fala e faz, não tem opinião própria, não tem posição formada sobre nenhum assunto e se deixa humilhar pelo outro. Nem um nem outro comportamento tem a ver com autoridade e obediência.

Uma pessoa de autoridade não machuca e não massacra o outro. Uma pessoa que é obediente não quer ser subjugada ou humilhada. Alguém com autoridade é alguém seguro tanto de suas capacidades quanto de suas limitações, e que, sabendo de sua posição, faz de tudo para promover o outro. A pessoa com autoridade não teme o crescimento alheio. Pelo contrário, alegra-se com ele. O obediente tem plena consciência de suas responsabilidades, e também conhece e não teme suas próprias limitações, assim como não teme ter opinião.

Jesus falou com grande autoridade, mas durante toda a Sua vida terrena foi totalmente obediente ao Pai. Não houve nem haverá no mundo ninguém com maior autoridade que Ele, e nem por isso o Salvador deixou de ser obediente. Sua obediência nascia de Sua própria autoridade.

Foi justamente Jesus quem disse, no momento mais difícil de Sua Paixão, no Horto das Oliveiras: "Meu Pai, se é possível, passe de mim este cálice; todavia, não seja como Eu quero, mas como Tu queres" (Mt 26, 39).

Devemos nos perguntar se vivemos autoridade ou autoritarismo, obediência ou submissão. Perguntemo-nos a nós mesmos sobre isso e tenhamos certeza de que uma sociedade e uma família só podem crescer sadias com noções claras sobre autoridade e obediência.

Palavras que curam

Há palavras que curam e palavras que ferem. Às vezes escrevemos ou dizemos algo que pode construir ou destruir uma pessoa ou uma situação.

Você já deve ter passado por essa experiência. Quando somos feridos, ofendidos, insultados por alguém, nosso primeiro impulso é elencar palavras espinhosas, que magoarão e causarão profundas feridas. É uma forma de revidar, de responder àquela agressão de que fomos vítimas. Na primeira oportunidade, despejamos tudo isso sobre quem nos magoou.

Quando acontecer isso com você, pode elencar todas as palavras que gostaria de dizer, todos os impropérios, escolha todas as ofensas, mas tome outra atitude: não diga nada. Espere. Dê um tempo, aguarde um momento e diga assim para você mesmo: "Daqui a dois dias eu converso com essa pessoa, não direi nada agora".

No calor da emoção, porém, você quer pegar o telefone, ligar e acabar com esse alguém. Não faça isso! Deixe passar aqueles dois dias. E, nesse tempo, vá pensando, refletindo, vendo, percebendo que não deve fazer isso.

A mesma coisa com aquilo que você quer escrever. Quando se sente ferido, magoado, você se senta e começa a escrever, dizendo tudo o que está sentindo.

Você pode escrever uma carta repleta de grosserias. Mas não a envie. Guarde-a. Depois de dois dias, leia e releia essa carta, veja o que escreveu e perceberá que não precisaria tê-la escrito.

Sempre se questione: "Será que aquilo que direi para esse que me ofendeu trará algo de bom para ele ou para mim?". Sua resposta será não. Não trará nada de bom, nem para ele, nem para você, nem para ninguém.

Faça o seguinte: reescreva aquela carta, contando as coisas que lhe faz bem. Você repensará as palavras que diria a essa pessoa. Isto não quer dizer que você não está mais magoado, triste e ferido. Você pode até dizer isso à pessoa, mas com outras palavras. Com certeza aquelas palavras duras trariam a morte. Enquanto palavras sinceras, com as quais você até diz que está triste e magoado, ditas sem rancor, estas trazem vida. Em vez de levar à morte pelas palavras que destroem, escolha a vida pelas palavras que constroem.

Eu te abençoo

Sabe o que significa "abençoar"? Bendizer, isto é, dizer bem. Quando abençoo estou "dizendo bem" de tal pessoa. Por outro lado, amaldiçoar significa maldizer, dizer mal.

Pare e reflita: em nosso mundo temos mais bênção ou maldição? Acertou se você disse maldição, porque há prazer em dizer mal das pessoas.

Gostamos de falar mal dos amigos, da Igreja, dos padres, dos políticos, dos vizinhos, da rádio que ouvimos, da televisão que vemos. Gostamos de falar mal de tudo. Nossa vida tornou-se uma maldição.

Falamos coisas más o dia todo. Ao olharmos uma pessoa, podemos ver até alguma qualidade nela, mas sempre colocamos um "porém", um "senão", um "mas".

Vamos transformar tudo isso em bênção, em bem dizer. Precisamos passar a abençoar um ao outro. Abençoar o outro é dizer bem de seu amigo. Abençoe seus pais, diga coisas bonitas a respeito deles. Abençoe seus filhos, ressalte suas qualidades, suas habilidades, seus potenciais. Abençoe seu chefe, seus funcionários. Abençoe quem está ao seu lado no carro, no trabalho, na escola, no hospital.

Assim como a palavra tem o poder de trazer alegria e paz, quando passamos a abençoar nossa vida ela mesma se transforma em uma bênção. Então a transforme! Transforme sua vida em beleza, em bênção, em bem dizer as coisas e as pessoas. Com certeza você será sempre, sempre abençoado.

Palavras edificantes

As palavras podem transformar a vida de uma pessoa e a nossa própria vida! Muitas vezes dizemos "Você é um inútil" ou "Você é feio" ou "Você é desprezível". Com isso podemos arruinar uma vida. Nós não sabemos a força que uma palavra tem e o enorme estrago que ela pode causar. Por isso a usamos levianamente, sem responsabilidade.

A palavra foi dada para construir, criar e transmitir amor e vida. Repare que no livro do Gênesis, o primeiro livro da *Bíblia*, logo no terceiro versículo está escrito que "E disse Deus: haja luz; e houve luz" (Gn 1, 3). O primeiro gesto de Deus, nas Sagradas Escrituras, foi uma fala. Com palavras Ele criou esse mundo maravilhoso em que vivemos.

No entanto, essa mesma palavra que Deus nos legou com a liberdade de usá-la como quisermos tanto pode construir quanto destruir. O que falamos faz muita diferença na vida das pessoas. Uma palavra imprópria dita em hora errada pode marcar alguém por muito tempo – ou até pela vida toda.

É sábio escolher as palavras. Peça ao Espírito Santo para que o inspire, para que lhe dê a palavra certa, no momento certo e de maneira certa. Como normalmente não pensamos antes de falar, peça ao Espírito Santo que aja em você para que da sua boca saiam palavras edificantes. Ou que aprenda a calar, que é também uma forma de dizer. Devemos pedir a Deus a graça do silêncio, porque ele também edifica. Às vezes o melhor é não dizer nada. Apenas ouvir. Apenas estar presente.

Que saibamos, pois, escolher as palavras e a ausência delas. Ao dirigir-se a alguém, escolha palavras bonitas – e na língua portuguesa há milhares delas para escolher. Não se trata de bajulação barata, "falar bonito" para impressionar o outro. Olhe para a pessoa e diga as coisas bonitas que ela tem, inclusive fisicamente. Olhe para o coração dela e veja as coisas bonitas que há ali. Fale de sua personalidade. Lembre-se: palavras podem edificar, transformar, criar vida. Escolha construir sempre o amor, escolha sempre edificar um coração. Escolha a palavra certa no momento certo para que o mundo seja diferente.

Vida versus morte

"Os céus e a terra tomo hoje por testemunhas contra vós, de que te tenho proposto a vida e a morte, a bênção e a maldição; escolhe pois a vida, para que vivas, tu e a tua descendência" (Dt 30, 19).

Esse é o chamado de Deus para nós: escolher a vida. Sempre diante de nós está a vida e a morte. Cabe a nós escolher.

Deus nos chama sempre para a vida. No meu dia a dia posso promover a vida, assim como posso promover a morte. Não estou falando da morte trágica de matar alguém ou ser assassinado. Falo das pequenas mortes que cometemos ao longo do dia. Posso escolher matar as pessoas com a fofoca, com a maledicência, com a inveja ou com o preconceito.

Tudo isso são modos de acabar com a vida do outro. Quantas pessoas já foram destruídas pelo ódio, pelo rancor, pela vingança!

"Não matarás" é um dos mandamentos da lei de Deus. Em nossas mãos está, pois, matar ou não matar. Então promovamos a vida. Escolha a vida! Seja vida para o outro e para o mundo.

Alegria de servir

Quem pensa que os desprovidos de bens materiais não têm o que dar está muito enganado. Quem não tem dinheiro tem muito a nos oferecer. O pobre não pode retribuir com dinheiro, posses e altos cargos. Mas o que ele tem a oferecer em troca de carinho, amor e assistência vale bem mais que dinheiro, posses e altos cargos. O que alguém que desempenha tarefas humildes, ditas "braçais", pode lhe dar, ninguém pode oferecer: a alegria de servir. Aquele que oferece uma festa, um jantar, um presente, com certeza receberá algo semelhante em retribuição. Esta será sua recompensa. Mas se você fizer algo por alguém menos favorecido para que ele tenha dignidade, para que mude de vida, para que tenha uma vida justa e honesta, esse jamais poderá lhe retribuir. Não espere recompensa alguma. A recompensa que você terá lhe será entregue ali, no momento em que você estiver se doando. E que recompensa será esta? A alegria de servir, a satisfação de ter algo para oferecer, a euforia de ter um coração generoso e a gratificante sensação de ter feito algo de bom para alguém. Isso é o maior tesouro que podemos receber.

Por isso Jesus disse: "Mas, quando fizeres convite, chama os pobres, aleijados, mancos e cegos, e serás bem-aventurado; porque eles não têm com que te recompensar; mas recompensado te será na ressurreição dos justos" (Lc 14, 13-14).

Os pobres lhe darão a satisfação e a alegria, o prazer e a felicidade de estar servindo, sem esperar nada em troca. Afinal, a alegria está em dar, e não em receber.

A isso nós chamamos de retribuição espiritual. Essa retribuição espiritual que recebemos quando damos a alguém que não pode nos retribuir é muito melhor, muito mais bonita que dar para alguém que possa nos retribuir da mesma forma. O pobre, o pequenino necessitado, nos dará a felicidade e a alegria, não só depois, na vida eterna, mas agora, aqui, neste momento, quando nos colocamos a serviço deles.

II

A esperança no amor

São palavras de amor

Você já se deu conta da importância de falar e manifestar o amor? Há uma força enorme em dizer e expressar o amor que sentimos.

Por hábito, falamos amenidades, banalidades do nosso dia a dia e, muito formal ou superficialmente, nos cumprimentamos e perguntamos se tudo vai bem ou se o outro está bem. E assim nos mantemos à distância, não conseguimos penetrar na profundidade do outro.

Sabe o que falta? Falta dizer ao outro algo diferente como: "Sabe que eu pensei em você hoje?". Falta coragem para manifestar ao outro o que sentimos: "Olhe, sabe que eu senti muito a sua falta?". Ou então: "Eu queria tanto que você estivesse aqui!".

Perdemos tempo em nossos encontros com a superficialidade do que falamos, com conversas jogadas fora, que não vão fundo no amor. Não conseguimos dizer: "Sabe, eu amo você".

Falta para nós essa abertura de coração. Sei que não é fácil dizer essas palavras ou falar algo que exalte as qualidades do outro, porque pode dar a impressão de que estamos sendo fracos e vulneráveis. Mas, na verdade, antes de ser fraqueza é um grande sinal de fortaleza. Porque isso fortalece os nossos laços e nos faz crescer. É preciso ser forte para dizer "Eu amo você", independentemente do que a pessoa fez ou do favor que lhe prestou. Manifestar nosso afeto sempre vai estreitar laços e transmitir coisas boas ao coração.

Muitos dos nossos relacionamentos no trabalho, na sociedade e até dentro da família tornam-se superficiais porque falta transformar os nossos sentimentos em palavras de amor. Palavras de amor são como alimento: precisamos todos os dias e sempre, pois são elas que nos mantêm vivos.

Amar e ser livre

Coisa difícil é falar sobre relacionamento. Afinal, é algo tão íntimo e tão pessoal! Falar sobre isso é entrar em um mundo desconhecido, cheio de surpresas. Mas, de qualquer modo, gostaria de conversar com você sobre as relações humanas.

Nossos corações desejam tanto ser amados, desejam tanto amar que temos a tendência de nos agarrar à pessoa que nos oferece amor e afeto. Sempre que experimentamos o amor, queremos mais e mais, às vezes muito mais do que a outra pessoa está disposta a nos oferecer. Por isso é muito fácil o amor tornar-se possessivo: na ânsia de sermos amados, nós começamos a aprisionar e sufocar a pessoa que amamos.

Nossos corações procuram o amor perfeito, a perfeita doação, a perfeita compreensão. Mas nenhum coração é capaz de amar com perfeição. Só Deus ama perfeitamente.

Amar é uma arte que supõe dar espaço, espaço para que o amor possa respirar. Amar não é "ter". Não "tenho" um amor, pois o amado não é propriedade. Amar alguém não me torna dono de ninguém. Amar é ser amado e ser amor para o outro. Invadir o espaço do outro e não permitir que ele seja livre causa grande sofrimento em qualquer relação amorosa. Ao contrário, quando damos espaço para que o outro possa se mover, ser o que ele é, compartilhar a vida com os semelhantes, então nosso amor torna-se verdadeiro. Não tão perfeito como o amor de Deus, mas um amor que caminha em busca dessa perfeição.

Amar é antes de tudo dar espaço para que o outro possa ser e agir. Só assim encontraremos um amor que se fundamenta na liberdade e na confiança. Um amor que cresce respirando livremente – e não sufocado pela posse, pelo ciúme, pelo aprisionamento doentio do outro. Amar é conseguir ser livre, sem deixar de amar intensamente. É estar ao lado – e não em toda parte –, é estar junto em plena comunhão, até que o outro possa nos amar livremente, com a mesma intensidade e liberdade.

Nem tão longe, nem tão perto

Quando amamos, queremos estar juntos. Quando se está apaixonado, todo momento é momento de estar ao lado. Mas será que um relacionamento de amor se fundamenta em estar junto? Será que não se deve dosar a medida certa de estar com aquele que se ama?

Crescermos a cada dia nesta busca incessante de aprofundarmos o amor e o relacionamento é uma arte.

Entre duas pessoas que se amam, seja um casal, sejam namorados, sejam amigos, há que se procurar um equilíbrio entre a proximidade e a distância. Nem tão perto que possa sufocar e tornar-se um relacionamento meloso, nem tão longe que torne o relacionamento frio e tênue.

A intimidade entre as pessoas exige tanto proximidade quanto distância. Há momentos na vida que você precisar estar bem perto. Em outros, você se afasta, porque há situações que exigem esse distanciamento. O interessante é que esse distanciamento não significa ruptura, mas um espaço entre as duas pessoas em que floresçam coisas novas, sentimentos alegres e até mesmo um espaço que as faça lembrar que há outras pessoas no mundo e não somente "eu e meu amado".

Para manter esse equilíbrio é preciso consciência e empenho – porque, se depender da nossa vontade, sempre vamos querer estar próximos de quem amamos, sem lhe deixar aquele espaço tão importante. É preciso aprender a respeitar esse espaço, especialmente quando as necessidades da pessoa que amamos são bastante diferentes em determinados momentos: às vezes um pode desejar ser abraçado, acarinhado, enquanto o outro procura certo recolhimento, um instante para estar consigo mesmo. É importante compreender a maneira, o jeito de cada um, nos momentos em que são diferentes de nós. Estar junto quando é preciso, distante quando é preciso. E, quando existir esse espaço, não pensar que seja um rompimento, mas um tempo necessário para estimular esse relacionamento, para torná-lo ainda melhor. Como em uma dança, em que às vezes se fica perto, às vezes um pouco distante, mas sempre juntos.

O amor é uma bela dança – bela, muito bela, que vale a pena dançar.

Minha irmã morte

Falar de morte não é agradável. Na verdade, sempre tentamos desviar nosso pensamento de qualquer tema fúnebre. Mas falar da morte é tão natural quanto falar da vida. Por isso gostaria de conversar com você sobre como enfrentar a mortalidade, a finitude da vida.

A primeira pergunta que fazemos é por que temos que viver. Se vamos morrer, então para que viver? Vivemos por um chamado de amor. É Deus que nos chama para participar da vida. Não vivemos por acaso. Somos queridos e desejados pelo Criador. Não nascemos por geração espontânea. Nascemos porque fomos pensados por Deus: "Antes que te formasse no ventre, te conheci, e antes que saísses de tua mãe, te santifiquei" (Jr 1, 5). Vivemos para experimentar o amor e fazer com que esse amor seja multiplicado pelo mundo. Vivemos então para amarmos e sermos amados. Ora, então por que o mundo é tão cheio de dor e sofrimento? Porque Deus nos fez com liberdade e a usamos mal. Sabemos que os homens produzem a violência e assim geram morte e dor. Se Deus vê tudo isso, por que não faz alguma coisa? Por que não intervém? Ora, Deus não faz porque Ele permite que os homens exerçam a sua liberdade. Mas lembra Santo Agostinho que "Deus nunca permitiria os males que os homens causam, se não tivesse recursos para tirar dos males bens ainda maiores". Assim, a dor, o sofrimento, embora não desejados por Deus, são uma realidade em nossa vida. A morte é fruto de nossas limitação, fragilidade e liberdade. Por mais estranho que soe aos nossos ouvidos, a morte é o grande gesto de amor de Deus para conosco. Pois pela morte nos libertamos de toda limitação para sermos amados ilimitadamente e infinitamente por Ele. A morte nos liberta de tudo para sermos totalmente de Deus.

Falar sobre a morte, pois, é contemplar nossa limitação. A morte acaba com nossa existência terrena, ligada à matéria, e nos lembra que tudo que há ao nosso redor tem limite. Ao mesmo tempo ela nos lembra que, embora as coisas sejam limitadas, em nós não há limitações. Porque pertencemos à natureza eterna de Deus.

Todos nós sonhamos com uma vida perfeita, sem dor, sem conflito, sem guerra, e imaginamos como seria bom se não tivéssemos que passar por doenças, por momentos difíceis. Todos ansiamos por um verdadeiro paraíso.

O desafio da espiritualidade é justamente vivenciar no dia a dia esses lampejos da vida perfeita, em meio a tanta luta, dor e sofrimento. A fé, porém, nos mostra como é a vida sem tudo aquilo que nos limita.

Quando enfrentamos a realidade da nossa vida mortal, quando olhamos a morte de frente, entramos em contato com a vida eterna, semeada em nossa vida mortal.

Enquanto estou vivendo minha vida, sei que vou morrer, assim como meus amigos e familiares. Mas são Paulo nos ensina: "Somos atribulados por todos os lados, mas não desanimamos; somos postos em extrema dificuldade, mas não somos vencidos por nenhum obstáculo; somos perseguidos, mas não abandonados; prostrados por terra, mas não aniquilados. Sem cessar e por toda parte levamos em nosso corpo a morte de Jesus, a fim de que a vida de Jesus se manifeste em nosso corpo. De fato, embora estejamos vivos, somos sempre entregues à morte por causa de Jesus, a fim de que também a vida de Jesus se manifeste em nossa carne mortal. Desse modo, em nós trabalha a morte; e em vocês, a vida" (2Cor 4, 8-12).

Como é bonito o que são Paulo nos diz! Nós trazemos, em nossa vida mortal, nuances da vida eterna que Jesus nos dá. Ao mesmo tempo em que sofremos e nos solidarizamos com Jesus na sua dor e sofrimento, Ele coloca em nós a vida eterna. Sabemos que somos eternos porque Deus nos cria para a vida eterna, afinal não teria sentido, Deus sendo eterno, nos criar somente por um tempo limitado. Assim como Ele quer nos amar eternamente, é lógico e compreensível que vivamos para sempre.

Assim, a morte não é nossa inimiga, mas a companheira que caminha ao nosso lado, a nos conscientizar sobre o que é passageiro e o que é eterno. Fazendo a gente escolher, dentre tantas coisas, o essencial – que se resume naquilo que não passa, naquilo que é eterno como Deus: o amor.

Viver bem a cada instante

Como é valioso e precioso cada momento, cada instante de nossa vida! Cada segundo dela contém uma preciosidade inestimável. É claro que, enquanto vivemos, não estamos pensando e racionalizando a cada minuto como é bom e importante viver, mas talvez você já tenha parado para pensar e refletir, e até tenha se convencido de como é importante valorizar cada momento.

Algumas pessoas vivem oitenta, noventa, cem anos, outras morrem muito cedo e nós nos perguntamos: Por que será que algumas pessoas morrem com idade avançada e outros tão jovens? Por que é dada a uns uma vida longa e outros morrem com tão pouca idade, tendo ainda tanto por fazer?

O que realmente importa não é a duração da nossa vida, mas a qualidade com que se vive. Vida longa nunca foi sinônimo de vida boa e feliz, nem vida curta significa vida ruim. Jesus tinha 33 anos quando morreu. Santa Teresinha de Lisieux, pouco mais de vinte. São Luiz Gonzaga, somente dezenove anos.

Apesar do pouco tempo, estas vidas breves continuam até hoje produzindo muitos frutos. Naturalmente, uma vida longa e bem vivida é uma bênção; mas uma vida longa mal vivida, mal aproveitada, pode ser um fardo para si e para os outros. Uma existência longa é bem vivida quando plena de gratidão, sabedoria e santidade, quando aproveitamos cada minuto dessa existência nos colocando a serviço das pessoas, promovendo a felicidade do outro, nos comprometendo com a paz.

Algumas pessoas podem ter uma vida verdadeiramente plena e intensa, vivendo pouco, morrendo jovem, porque viveram com sabedoria, com gratidão, com santidade. Viveram a sabedoria de sentir o sabor e a beleza da Criação. Viveram a gratidão de saber que receberam a vida como um grande presente de Deus e viveram a santidade de colocar o amor em todos os gestos e atitudes. São pessoas que encontraram sentido em cada momento, tornando suas vidas um dom para os outros e para o mundo. É o que basta para que a vida seja plena.

A próxima vez que você se perguntar quanto tempo ainda tem de vida, comece a pensar sobre a intensidade e o amor com que você passa a sua vida, comece a valorizar e viver cada segundo com muito respeito, gratidão, sabedoria e vontade de amar e ser amado.

Pequena receita de amor

Aprendemos a amar com Deus. Nós amamos porque "Deus nos amou primeiro" (1Jo 4, 19). O amor que sentimos pelos outros e pelas coisas será sempre aprendido no coração de Deus. É claro que o amor de Deus é muito superior porque é perfeitíssimo e fonte de todo amor.

O amor de Deus é eterno, isto é, não tem começo, não tem fim. Significa que existiu antes do nosso nascimento e vai existir depois de nossa morte. Significa que é um amor que abraça tudo e todos. Ter uma vida vivida sob a perspectiva do amor é vivê-la a partir do amor que vem de Deus. É tentar, mesmo com nossa limitação, imitar Deus na quantidade e na qualidade de amor. Isto não é querer ser Deus, mas imitá-Lo na entrega verdadeira e no amor sem limites. Embora os relacionamentos que vivemos tenham começo, meio e fim, devemos vivê-los tendo em vista esse amor de Deus. Talvez pensemos que por causa de nossa limitação não possamos viver um amor divino e então nos conformamos em viver um amor rasteiro, mesquinho, sem entrega. Nada disso, devemos amar profundamente. Amar como Deus ama.

O amor de Deus passa por cima de muitas coisas, tem paciência e perdoa setenta vezes sete. Então faça isso. Coloque no seu amor humano uma pitada do amor de Deus.

Ame com o amor humano, que é limitado, mas coloque nele um pouco do amor de Deus, que é infinito, que tudo suporta, tudo crê e tudo perdoa.

Amor que abre o coração

Uma grande verdade irrefutável é: não conseguimos viver sem o outro. Precisamos do outro para ser e crescer na felicidade.

Todo bom relacionamento entre duas ou mais pessoas, seja amizade, seja casamento, seja comunidade, deve criar um espaço para que o outro possa entrar e tornar-se amigo. Todo relacionamento deve sempre ser aberto a outras pessoas e principalmente aos estranhos. Quando duas ou mais pessoas que se amam em um determinado grupo vivem o verdadeiro amor, isto é, o amor de doação, de carinho, eles hão de conseguir receber os outros nesse círculo de amor. Quando amigos que se amam verdadeiramente têm um relacionamento maduro, profícuo, bonito, este se abre para receber os outros. Um sinal de que não existe um relacionamento verdadeiro e seguro é quando o amor se torna ciumento, invejoso e fechado. Mas o sinal de que o relacionamento é maduro e divino é quando ele se mostra hospitaleiro para receber quem quer que seja, não importando de onde venha.

Reconstruídos no amor

No rio Paraíba, em São Paulo, lá pelo ano de 1717, alguns pescadores, tentando encontrar peixes, recolheram uma imagem de Nossa Senhora da Conceição. A imagem não estava inteira. Provavelmente alguém havia quebrado essa pequenina imagem e lançado naquele rio. Até aí, tudo bem. Nada de extraordinário. O fato seguinte é que chamou a atenção dos pescadores. Ao lançarem novamente as redes, eles não pescaram peixes, mas a outra parte da imagem. Isto é o milagre. Como um rio enorme e caudaloso como o Paraíba pode fornecer, em duas vezes consecutivas, corpo e cabeça daquela imagenzinha? Surpresos e felizes, os pescadores perceberam que o corpo se encaixava perfeitamente à cabeça. Cuidadosamente colaram aquela imagem e a levaram consigo.

Conhecemos bem essa história de Nossa Senhora Aparecida, que recebeu este nome por ter "aparecido" nas águas daquele rio. Sabemos também que depois de a imagem ter aparecido, os pescadores conseguiram pegar muitos peixes, tal qual na pesca milagrosa do Evangelho. Sabemos também que, depois, aquela imagenzinha foi responsável por vários milagres acontecidos ali.

Duzentos e sessenta e um anos depois, precisamente em 1978, a imagem de Nossa Senhora Aparecida sofreu um atentado que a reduziu a quase duzentos pedaços. Mais uma vez essa imagem se quebrara, agora não mais em duas partes, mas em duzentas. Quando encontrada, os pescadores a reconstituíram. Desta vez, especialistas e técnicos juntaram os pedaços.

O que a Mãe do Céu quer dizer com isso? Você já se perguntou por que Maria foi encontrada quebrada, depois esfacelada, e posteriormente reconstituída?

Maria nos dá o sinal da reconstituição e da reconciliação. É o grito da Mãe de Deus para os filhos que se encontram quebrados pelo pecado, esfacelados pela dor, desunidos pelo ódio, machucados pelos sofrimentos do dia a dia, fragmentados pela falta de perdão.

Não fomos feitos para "quebrar", mas para permanecer como vasos íntegros diante do Senhor. É verdade que às vezes, em nossa caminhada, "quebramos", pois somos frágeis, vulneráveis. Mas quando nos entregamos nas mãos de Deus – o grande oleiro –, somos "consertados", refeitos no Seu grande amor de Pai. Se o ódio nos esfacela como esfacelou aquela imagenzinha de Aparecida, o amor nos repara e nos refaz para a vida.

Sempre que olho para a imagem de Nossa Senhora Aparecida pareço ouvir dela que posso ser reconstruído a partir do amor de Deus. Duas vezes quebrada e duas vezes reconstituída, aquela imagem. E eu? Quantas vezes quebrado e quantas vezes reconstruído no amor do Pai?

Se você se sentir quebrado e esfacelado, olhe bem para a imagem da Mãe Aparecida – lembre-se de que ela foi reduzida a duzentos cacos e que o amor a reconstituiu. Olhe para você e se deixe tocar pelo amor misericordioso do Senhor – que cura, refaz e reconstrói. Deixe que Ele cuide de você, cure suas feridas, junte seus cacos e o faça uma nova criatura.

Mãe Aparecida, ensina-nos a entregar a nossa vida nas mãos do Pai para que Ele nos refaça no Seu amor.

Amar vale a pena

Toda vez que a gente toma a decisão de amar alguém, deve estar preparado para um grande sofrimento. O sofrimento vem com o amor. Sabe por quê? Porque justamente as pessoas que mais amamos nos fazem sofrer pela partida, por não estarem mais junto de nós. Isso acontece quando um filho deixa a casa para assumir uma nova família. Ou quando marido ou esposa vão trabalhar longe. Ou quando aquele amigo querido se muda. Ou quando aquela pessoa que amamos tanto se vai para sempre. A dor da partida, da ausência, nos arrasa completamente. A falta e a separação nos causam angústia.

Então, para não sofrer, você toma a decisão de não amar mais ninguém. Se não quer amar mais, se não quer se ligar a ninguém, se não quer se relacionar com o outro, você tomou a decisão certa para nunca sofrer...

Engano! Se você acredita realmente no amor, acreditará que ele é muito mais forte que o medo, que a vida é mais forte que a morte, que a esperança é mais forte que o desespero.

A gente tem que acreditar no amor e sofrer o risco de amar, mesmo que a dores da perda, da distância, das desavenças venham acompanhadas do amor profundo que temos por alguém. Não tenha medo! Corra esse risco! Porque o amor vale a pena!

A morte é vida

A perda de alguém querido, de alguém que amamos profundamente, deixa em nós uma dor muito grande que pode nos paralisar por completo. Pode até nos deixar dolorosas feridas emocionais, que precisam de tempo para cicatrizar. Afinal, as pessoas que amamos tornam-se parte de nós. Nossos pensamentos, nossos sentimentos, nossas ações são inseparáveis das pessoas que nos cercam ao longo da vida: pais, irmãos, avós, tios, marido, esposa, filhos, amigos.

Todas essas pessoas influenciam nossa maneira de ser e agir. Todas essas pessoas vivem em nossos corações. Por isso, quando elas partem para sempre, até parece que um pedaço de nós morre. Não só parece, mas morre de verdade. Porque nossa vida é feita com a participação dessas pessoas e, se elas não estão mais junto de nós, sentimos, sim, que uma parte de nós morreu. Percebemos a ausência dos que se foram, sobretudo quando comemoramos o Natal, a Páscoa, o Ano-Novo, um batizado, um aniversário. Às vezes a despedida dos que se foram para junto de Deus precisa de um ano inteiro ou até mais para que se faça: é preciso se "acostumar" a uma ausência sem retorno.

Como podemos minimizar, diminuir essa dor? Primeiro, enchendo nosso coração da esperança e da certeza da ressurreição. Quem morre não termina. A morte não é o contrário da vida, mas a continuação dela. A outra maneira de sofrermos menos com a partida de alguém que amamos é simplesmente deixar que essa pessoa se vá. Mas como assim? Já que ela faz parte de nós, já que está dentro de nós, quanto mais negarmos a perda, quanto mais negarmos a morte, mais sofreremos. Deixá-la partir é oferecer essa pessoa a Deus. Aquele ou aquela que amamos é algo precioso e sagrado. E é para Deus que nós entregamos o que nos é precioso e sagrado. Por isso, deixar que a pessoa parta em paz é oferecê-la integralmente a Deus, como o presente mais importante de nossa vida, para que nas mãos do Criador essa criação, à Sua imagem e semelhança, esteja e seja para sempre.

Amai-vos

Quando somos magoados, feridos ou machucados por alguém, é quase impossível não ter um pensamento agressivo, um sentimento de raiva contra a pessoa. É uma reação natural, automática. Surge dentro de nós um vulcão de ira, um sentimento terrível contra o outro. Isso acontece quase que espontaneamente, sem muito controle interno. De repente, estamos remoendo: "O que farei para me vingar?".

Sabia que escolher entre a bênção e a maldição exige de nós um profundo salto de fé? Porque nessa hora em que remoemos a raiva e o ódio, em vez de nutrirmos sentimentos negativos contra a pessoa, é o momento exato de pedir a bênção de Deus para ela. Ah! Como é difícil! Como é difícil a minha raiva e o meu pensamento agressivo serem transformados em bênção! E é exatamente isso que Jesus pede a nós: "Amai vossos inimigos" (Jo 13, 34). É justamente esse exercício que devemos fazer para crescermos na fé.

Quando alguém o ofender, quando o machucarem, pode ocorrer espontaneamente aquele sentimento terrível de ódio, de raiva. Nesse momento você vai parar e dizer: "Eu abençoo essa pessoa com toda sorte de bênçãos do céu". Sei que isso fica aquém de nossos desejos de vingança, mas com certeza é a maneira mais justa e completa de ser feliz.

Se o ódio, a raiva, a vingança provocam em nós um veneno muito grande, a bênção que brota de nosso coração será um bálsamo que nos redimirá completamente. Assim percebemos a nossa vida transformada. Nosso coração será mais feliz, pleno, contente e realizado. Transforme maldição em bênção. Este é o grande remédio, este é o grande segredo do Coração de Jesus.

INRI

III

A esperança em Deus

Dar um tempo para Deus

Acho que Deus se esqueceu de mim! Quanto mais eu rezo, mais as coisas pioram!

Você certamente já ouviu essas frases várias vezes – ou até mesmo já as disse. Sempre que não damos chance para Deus agir em nossa vida colocamos a culpa n'Ele. É como se o responsável pelo fracasso de nossa vida espiritual fosse o próprio Deus, quando na verdade somos nós que não criamos espaço nem encontramos tempo para Ele.

Quero conversar com você sobre esse espaço para Deus. Você já pensou que em sua vida você cria tempo e espaço para tantas coisas, menos para Ele? Somos capazes de arrumar tempo para o cinema, para sair com os amigos, para jantar fora, mesmo que isso nos deixe mais cansados. Sempre temos tempo para passear, para ir a uma festa, para fazer compras, mesmo que nada disso tenha sido planejado. Tudo isso é muito bom e faz bem ao nosso coração, mas se arranjamos tempo para as coisas materiais, devemos também providenciar um tempo para Deus.

O segredo é disciplina. A disciplina é o outro lado de quem aprende, ou seja, a pessoa que se dispõe a aprender tem que ser disciplinada. Disciplina é criação de limites. E quem coloca limites somos nós – limites que Deus sabe muito bem respeitar. A disciplina na vida espiritual é diferente da dos esportes, por exemplo. No esporte há um esforço concentrado para dominar o corpo. Na vida espiritual é necessário empenho para criar tempo e espaço para que Deus possa ser nosso mestre e para respondermos livremente ao Seu chamado.

O limite inclui ter momentos para o lazer, para os afazeres, para os filhos, para os amigos – mas também para a oração, a adoração e a escuta da Palavra. Limite inclui ter tempo para as coisas e ter tempo para Deus.

Reservemos, pois, um tempo e um lugar para que a presença amorosa de Deus possa ser correspondida e vivenciada no dia a dia.

Quem ama não tem medo

Convido você a refletir comigo sobre como ter uma religião mais bonita e um jeito mais livre para amar a Deus e às pessoas.

Uma coisa fundamental para que possamos amar é a liberdade. Jesus veio até nós para nos ajudar a superar nosso medo de Deus. É um absurdo as pessoas dizerem ter medo de Deus porque Ele castiga. Aliás, são dois absurdos, pois de Quem nos criou não se deveria ter medo e jamais deveria passar pelo nosso pensamento a ideia de castigo – afinal, Deus só pode amar, uma vez que Ele é o amor. Assim, o castigo não cabe naquilo que Deus é e faz.

Nós crescemos com medo e colocamos esse medo nas crianças, quando culpamos Deus por aquilo que não temos coragem de dizer. Quando os pais chamam a atenção do filho, devem dizer honestamente: "Eu acho", "Eu não quero", em vez de "Deus não gosta" ou "Deus vai ficar triste" ou ainda "Deus vai castigar você".

Jesus veio justamente tirar esse medo, porque, enquanto temos medo, não amamos Deus completamente. O medo é uma barreira ao amor. E não conseguimos amar quem tememos.

Medo não combina com amor, com entrega total. O amor é partilha, doação, entrega. O amor significa intimidade, proximidade, sensação de segurança. O medo cria suspeita, distância, insegurança.

O medo é o maior obstáculo de nossa vida espiritual. A oração, a meditação, a educação não podem vir do medo. Eu não devo rezar, meditar, ler a *Bíblia* por medo.

Deus é o amor perfeito, como disse são João Evangelista: "O perfeito amor lança fora o temor" (1Jo 4, 18).

Fique em seu coração a certeza do amor de Deus, que nos ama incondicionalmente, e deseja que nosso amor seja livre de todo medo, livre de toda troca. O amor não impõe condições e quer ser somente amado. Amor vivido sem medo, sem limites, e na liberdade de quem realmente se sente filho de Deus.

Ele está ao seu lado

Gostaria de lhe falar sobre algo que está precisando acontecer em sua vida, em minha vida, em nossas vidas: parar e reconhecer Deus em nossa existência.

O Salmo 46, versículo 11, diz assim: "Abandonai as armas e reconhecei que Eu sou Deus". Passamos o dia todo armados. Mal acordamos e já corremos para o trabalho. Compromissos se acumulam. Nessa confusão, ficamos presos no trânsito e o dia passa em sofreguidão. Quando chega o fim da tarde, estamos exaustos e não queremos falar com ninguém, muito menos com Deus. E então fechamos os olhos, dormimos para no outro dia recomeçarmos toda a lufa-lufa.

Quão estranha será nossa vida se não colocarmos aí um sentido, se não colocarmos aí um pedacinho de Deus! Para que viver nesse barulho, nesta agitação, nesse corre-corre? Aonde isso vai nos levar? Para que tudo isso se não for para repousarmos em Deus?

Por isso o Salmo é um alerta para que nos dias de hoje paremos e digamos: Senhor, eu abandono tudo e reconheço que Você é o Deus da minha vida, Você é o Senhor da minha existência.

Se você não fizer isso, daqui a algum tempo sua vida perderá o sentido; perderá a graça todo esse corre-corre; você se perderá em tantas coisas que acabará não vendo sentido em nada, não conseguirá ver o porquê da sua existência.

Para que sua vida se encha de sentido, e as coisas que você faz tenham um sabor diferente, e o seu trabalho ganhe um sentido verdadeiro, coloque Deus em sua vida e reconheça o lugar d'Ele nela.

Pare! Pare e reconheça Deus. Você pode parar um pouquinho durante a semana e participar de uma missa, de um culto, de uma reunião. Você pode parar durante o dia e fazer uma prece silenciosa e bonita. Você pode parar no trânsito, desligar o rádio e dizer: "Agora vou pensar em meu Deus".

Você perceberá que sua vida vai ser transformada, pois deixará um espaço do seu dia para Deus fazer morada em Seu verdadeiro lugar: dentro de seu coração!

"Parai, abandonai as armas e reconhecei que Eu sou Deus" (Sl 46, 10).

Coelho não bota ovo!

Páscoa! As pessoas se felicitam, sorridentes, com um sonoro "Feliz Páscoa". Crianças correm em busca do ovo de chocolate escondido pela casa. Na semana que passou, uma enxurrada de comercias invadiu a TV, os jornais e o rádio, um deles chegava a oferecer ovos em dez vezes, sem juros. Bacalhau, vinho, colombas pascais, ovos de chocolate de todos os tamanhos e sabores. Procurei, por entre os ovos, bacalhau e colombas, onde estava o Cristo ressuscitado. Não O encontrei. Procurei pela vida nova que surgiu do sepulcro vazio e só encontrei a toca do coelho pascal.

Se você leu até aqui, já deve estar pensando: "Lá vem o padre com sermão moralista, anticapitalista e anticonsumista, querendo acabar com a fantasia da Páscoa". Não é isso. Aliás, gosto muito de ovo de Páscoa. De bacalhau, então, nem se fala! Mas quero a Páscoa de volta. Páscoa que significa passagem. Páscoa em que os judeus celebram a passagem da escravidão para a liberdade. Páscoa em que os cristãos celebram a passagem da morte para a vida. Jesus ressuscitado – isto é Páscoa! Depois de passar pelo sofrimento, de passar pela cruz, de passar pela morte, o Senhor da Vida passa para a vida. Vencendo o sofrimento e a morte, Jesus nos garante a vida. Vitorioso sobre a morte, Ele nos faz todos vitoriosos, pois Sua morte sepultou a morte, e a ressurreição fez brotar a vida.

A Páscoa nos traz duas grandes notícias. A primeira é que Jesus ressuscitou e a segunda é que a morte já não existe mais. Estas boas notícias nos fazem vitoriosos também sobre a dor, os problemas, as dificuldades. Somos mais do que vencedores, como dizia o apóstolo Paulo, pois somos vencedores em Jesus Cristo ressuscitado. Por isso não tememos nada e somos essencialmente felizes. Assim, entendemos que até podemos passar pelo sofrimento, mas não foi para o sofrimento que fomos criados, e sim para a vida plena, a vida em abundância e feliz, garantida por Jesus com a ressurreição. Nossos caminhos não são para o calvário ou para a Sexta-Feira da Paixão, mas para o Domingo da Ressurreição, quando nos deparamos com o sepulcro vazio e aos anjos dizendo: "Por que buscais o vivo entre os mortos?" (Lc 24, 5).

A Páscoa nos ensina a olhar para a vida e não para a morte. Tirar os nossos olhos do túmulo e desviar o olhar para onde há vida. Vida que brotou da Ressurreição e que brota em nós na Páscoa.

Quando essa Páscoa estiver de volta em nossas casas, aí sim o ovo terá sentido – bem como a festa com bacalhau, vinhos e colombas pascais –, pois ele apontará para a vida nova. O coelho nos apontará para a vida em abundância por causa de sua fertilidade. Então todos nós entenderemos que, mesmo sabendo que coelho não bota ovo, a Páscoa é a festa mais bonita que há, pois celebra a vida nova que Jesus trouxe para nós.

Feliz Páscoa!

Estar em Deus

Quando fazemos a experiência de rezar diante de Deus, com calma, na solidão da oração, percebemos o quanto somos dependentes d'Ele. Quando estamos a sós com Deus, sem nos deixar levar pelas distrações e preocupações do dia a dia, percebemos o quanto precisamos de Deus. Aliás, nós não somos nada sem Ele, não fazemos nada sem Deus, e não conseguimos realizar em nossa vida nenhum projeto sem o amparo do Pai. Várias vezes ao dia nos perdemos com tantas coisas. Os compromissos diários e os afazeres nos envolvem tanto que podemos até pensar que Deus não seja tão necessário. Podemos pensar: faço isso, resolvo aquilo, determino essa situação. Mas não é bem assim. Quando nós estamos sozinhos diante de Deus, percebemos como Ele preenche nossa vida, nosso coração e nossa existência.

Basta alguém não lhe dar atenção, não ligar para você, basta alguém não lhe dizer um bom-dia e você logo vai se sentir sozinho, não amado e até inútil. Temos a tentação de achar que quando as pessoas não reagem a nós, não ligam para a gente; se não nos olham é porque deixaram de nos amar, e aí nos sentimos abandonados e desprezados. Nós até precisamos da atenção do outro, gostamos da atenção do outro, mas o que devemos sentir independe do outro me amar ou não. Deus me ama com amor eterno. E Deus sempre me ama profundamente. Muitas vezes as pessoas que estão mais perto de nós, aqueles amigos que nos devotam grande amor e amizade, de repente nos abandonam e nos deixam sós. Tenha certeza, Deus jamais o abandonará, Deus jamais o deixará só. Pelo contrário, Deus jamais o deixará no meio do caminho. Então é muito importante que façamos essa experiência de estar "eu e meu Deus". Abstraia-se das coisas, pelo menos nesse momento de intimidade divina, esqueça-se daquilo que você tem para fazer. O grande tesouro está dentro de você. O grande tesouro é o amor profundo de Deus por você.

Noite feliz ou infeliz?

Era a semana que antecedia o Natal. Tinha acabado de celebrar a missa. Enquanto tirava os paramentos, irrompeu na sacristia da igreja um jovem que me disse à queima-roupa: “Não gosto do Natal!”. Eu, sem entender o porquê daquilo, pois eu nem havia perguntado, voltei-me para ele e lhe perguntei por quê. Ele, mais furioso ainda, disse-me que não gostava do Natal, pois era uma festa que o deixava triste e via acontecer muita injustiça, como pessoas que ganhavam grandes presentes e outros sem receber nada. Sem falar das festas que se faziam nas casas dos ricos e da carência na dos pobres. Por tudo isso ele sentenciou: “O Natal é a festa mais triste que existe!”.

Fiquei pensando no que aquele jovem tinha acabado de me dizer e lembrei-me de como o Natal pode ser uma festa de tristeza enquanto cantamos “Noite feliz”. Não deveria ser, então, uma noite feliz?

É, realmente o Natal é visto por muitos como uma festa que nos deixa depressivos, lembramos dos Natais passados e sentimos nostalgia. Ou passamos o Natal sozinhos e ficamos tristes porque estamos sós. O Natal será triste e de profunda melancolia se o limitarmos a uma mera festinha de confraternização de fim de ano. Concordo que o Natal será triste se o reduzirmos a uma ceia, por maior que seja. Mas nenhuma ceia ou festa conseguirá exprimir a grandeza do Natal.

O Natal se transformou mesmo em uma festa sem sentido. Ele ficou sem graça porque as crianças criam expectativa por causa dos brinquedos. Ficou sem cor, aliás, ficou de uma cor só, com o vermelho do Papai Noel. Transformaram o Natal em uma festa triste porque limitaram-no a uma mesa farta, um peru e algumas castanhas.

Ora, se o Natal for somente alguns presentes trocados e um punhado de cartões enviados por obrigação, realmente será uma festa triste. Se o Natal se transformar em uma festa em que se come e bebe sem saber o porquê, concordo, será uma festa triste, pois não terá sentido. É por isso que as pessoas se entristecem no Natal. Esqueceram que o Natal é uma festa de amor e que encontra seu sentido no nascimento de um Deus. Isso mesmo, um Deus que é Rei e Senhor e que nasceu em uma estrebaria fedorenta ao lado de animais. Um Deus que se rebaixou para nos elevar. Um Deus que tomou nossa carne e foi semelhante a nós em tudo, menos no pecado. Um Deus que se esvaziou e trouxe o céu para a terra. Um Deus que se encarnou, tomou o nosso jeito de gente para que a gente ficasse com um jeito divino. Ora, só por isso o Natal é festa da alegria. Só por isso eu deveria me alegrar. Tenho um Deus que me ama de tal modo que quis nascer como eu e quis ser como eu para que eu seja como Ele. Essa é a verdadeira festa do Natal – a festa do homem que se torna um pouquinho divino, pois Deus se tornou humano. Se eu não viver essa alegria, meu Natal será triste e depressivo, colocando a culpa na injustiça dos presentes que os pobres não têm, atribuindo minha tristeza à solidão, e assim vou inventando desculpas para o meu Natal triste, sem saber que ele é assim porque não percebi o Deus que nasceu para mim.

O Natal é alegre e feliz só por ser Natal. O Natal é alegria só por ser o nascimento de um Deus de amor. O Natal será feliz quando eu encontrar o verdadeiro sentido para que meus presentes e minhas festas encontrem também a sua razão de ser. O Natal é feliz não porque estou só ou acompanhado. O Natal é feliz não porque ganhei ou não presentes. O Natal é feliz por me trazer o Deus que me ama e que me salva. O Natal já é feliz demais e não precisamos do peru nem do tender, muito menos dos presentes, e menos ainda da mesa farta. O Natal já tem felicidade suficiente para eu celebrar e cantar com os anjos "Glória a Deus nas alturas" (Lc 2, 14). Foi isso que eu disse àquele jovem naquele dia, depois daquela missa. Ele parou, olhou-me e foi embora. Hoje pensei nele. Não sei o seu nome e nunca mais o vi. Mas penso que, hoje, estará muito feliz. Afinal, é Natal, e isso basta!

Os pequeninos e os sábios

Em determinado momento, Jesus fez uma oração ao Pai dizendo: "Eu Te louvo, ó Pai, Senhor do céu e da terra, porque escondestes estas coisas aos sábios e entendidos, e as revelastes aos pequeninos" (Lc 10, 21).

Se lermos essa oração de um ponto de vista prático, podemos até achar que Jesus elogia a ignorância e descarta o conhecimento, a cultura, a erudição. Se formos além, podemos até, maldosamente, usar esse texto para justificar que a ciência e a cultura não têm valor diante das coisas de Deus. Porém, estamos enganados se pensamos assim.

Para entendermos o que Jesus quis dizer, precisamos saber três coisas: primeiro, que "coisas" foram escondidas; segundo, quem são "os sábios e entendidos"; e, por fim, quem são os "pequeninos".

As coisas escondidas não são simplesmente coisas nem podem ficar escondidas. A "coisa" escondida é o reconhecimento da presença de um Deus-Amor em Jesus Cristo. A Deus, todos conheceram. Mas um Deus vingativo, severo, carrancudo e punitivo. O Deus-Amor, ou melhor, o amor de Deus estava escondido atrás da face implacável de um Deus distante. Jesus traz um Deus que se deixa chamar de Pai. Um Deus que caminha ao nosso lado. Jesus revela um Deus que estava escondido. Não mais nos relacionaremos com Ele por medo, mas por amor. E é justamente isso que me faz amar os outros. Daí um círculo virtuoso de amor: sou amado por Deus e esse amor me faz amar o outro.

Sábios e entendidos! Jesus faz menção não àqueles que estudam, os que, dotados de sabedoria e conhecimento, fazem o mundo melhor. Aqui Jesus está citando aquele que julga que somente seu conhecimento e sua ciência lhe bastam. Aquele que pensa que é forte e poderoso porque entende e conhece. Aquele que se acha inteligente e sábio e que por isso pensa não precisar mais de Deus. O sábio e entendido citado por Jesus é o pretensioso, o arrogante que acredita não precisar aprender mais. É aquele que pensa estar acima de tudo e de todos por saber mais que os demais. O entendido citado no Evangelho é soberbo, pois se coloca como único detentor da verdade, a quem não há como revelar novidades. Mesmo que o Pai quisesse revelar-lhe aquilo que está escondido, ele não aceitaria por achar que conhece tudo. O sábio e entendido que Jesus menciona é tão arrogante que não deixa espaço para Deus agir em sua vida. Mesmo que Deus quisesse não Lhe seria dada permissão, pois o sábio e entendido não precisa de Deus, ele se basta a si mesmo.

Jesus repete: "Eu Te louvo, ó Pai, porque revelastes aos pequeninos". O pequenino é o oposto do sábio e entendido. O pequenino é aquele que se acha necessitado de Deus. É aquele que, quanto mais conhece Deus, percebe que deve conhecê-Lo ainda mais. É aquele que se sente pequeno, mas é grande quando se enche de Deus. É aquele que se esvazia para encher-se de Deus.

Sou atraído por Jesus

Muitas vezes, quando olhamos, rezamos e meditamos sobre a vida de Jesus, nos fixamos no sofrimento, nos detemos na morte e na cruz e não percebemos que foi justamente a dor, o sofrimento, a morte e a cruz que levaram Jesus à Ressurreição, à vitória sobre a morte, sobre a dor, sobre a própria cruz. Nós nos fixamos na dor e no sofrimento e não olhamos para a alegria da Ressurreição, pois tendemos a privilegiar o que é negativo e a não ver o que é positivo, o que é bonito. É claro que devemos ter plena consciência de que Jesus sofreu, sim, que morreu na cruz, sim, que padeceu muito, sim, mas Ele venceu. Ele superou tudo isso com a Sua Ressurreição.

É interessante notar que é o próprio Jesus quem diz: "Quando Eu for elevado da terra, atrairei a Mim todos os homens" (Jo 12, 32), ou seja, todos nós somos atraídos a Jesus, e somos de certa forma levados junto com Ele para todos os Seus caminhos. Então começamos a entender que passamos também por sofrimentos, por momentos difíceis, por dores, pelas cruzes, mas o mais importante é saber que, se Jesus me atraiu a Ele, e eu tive que passar pelas cruzes, pelas dores, pelos sofrimentos, Jesus me atraiu também para a Sua Ressurreição. Eis a razão do sofrimento em nossas vidas.

Talvez neste momento você esteja passando por um sofrimento que não consegue entender. Quem sabe este é um momento doloroso em sua vida, em que terá que tomar uma decisão difícil e, de repente, não sabe por que passa por tanto sofrimento. Chegamos até a dizer: "Nossa, parece que Deus me abandonou". Não, Deus nunca nos abandona. Se nos abandonasse, não seria Deus. Lembre-se: fomos atraídos a Jesus, e por isso precisamos morrer com Ele, para depois ressuscitar. O sofrimento em nossa vida é purificação, assim como se purifica o ouro das impurezas. O sofrimento nos leva ao crescimento. O sofrimento deve existir na nossa vida para que possamos, aos poucos, ir amadurecendo e, assim, aos poucos, nos identificando com Jesus. Mas entenda que todo esse sofrimento é passageiro, porque nós não fomos chamados para o sofrimento, nem para a dor. Nós fomos chamados para a alegria e a Ressurreição. Jesus me atrai a Ele para passar pelo sofrimento que me faz crescer, mas me atrai sobretudo para que eu possa ressuscitar e vencer com Ele.

Deus quer morar em mim

Você já se perguntou que lugar Deus ocupa no seu dia a dia? Ele está bem mais próximo do que você imagina, pois habita justamente sua pobreza – a pobreza de seu coração. Quando Jesus disse, no Evangelho de são Mateus (capítulo 5, versículo 3), "Bem-aventurados os pobres de espírito", Ele estava dizendo que o espírito de pobre é o lugar onde Deus habita.

Para entender devemos refletir sobre o que é pobreza de espírito e Deus habitar essa pobreza. Ser pobre é se desligar de todas as coisas, de tudo o que há ao seu redor, viver completamente livre. Livres, estaremos abrindo espaço para Deus habitar. Melhor dizendo, a riqueza, nos avarentos e gananciosos, retém coisas e pessoas. A pobreza, não. A pobreza do espírito dá largueza de coração, nos liberta das coisas, das pessoas. A pobreza é o vazio. A pobreza não é só material, falta de dinheiro, não ter uma casa ou um carro. A pobreza é também uma dádiva. O pobre de espírito é aquele que se preocupa com a alegria do dia a dia, com viver o momento – e não com estratégias para acumular. O pobre de espírito é aquele que aproveita o momento que Deus lhe dá. O pobre de espírito é aquele que é livre e deixa livres as pessoas e as coisas. O pobre de espírito não se agarra às coisas e às pessoas. Essa pobreza se revela quando não estamos com o coração atormentado por dinheiro, posses, poder, ganância, egoísmo e inveja. Quando tudo isso nos toma, nosso coração não deixa lugar para Deus.

Enchemos assim nosso coração porque ele não é de pobre, mas de rico. Se o seu coração se enriqueceu com vaidade, com posses, com dinheiro, com preocupações, com mesquinharias, será difícil encontrar um lugar para Deus entrar e fazer morada. Se o seu coração estiver cheio, não haverá nenhum lugar, mesmo que apertadinho, para Deus habitar. Quando liberarmos espaço dentro de nosso coração, esvaziando-o do apego, então Deus Se sentirá completamente livre para fazer Sua morada de amor. E então seremos felizes, bem felizes. Bem-aventurados, felizes os espíritos que têm coração de pobre!

Coragem espiritual

Coragem é o que o nosso coração nos conduz a fazer. Não por acaso, a palavra vem do latim *coratium*, que é a união das palavras *cor* (coração) e *atium* (ação).

Mas coragem não é só ação. Existe a coragem da fé, a coragem espiritual. A coragem da fé é um pouco diferente. É quando você aposta em um ideal, quando não tem medo porque seu coração lhe diz que você deve seguir por aquele caminho.

A coragem espiritual, ou a coragem da fé, é quando você, seguindo seu coração, aposta sua vida no mais importante dos projetos: o projeto de Deus. Você segue profundamente aquele plano de amor que Deus propõe. E a vontade d'Ele é que você seja feliz, justo, solidário, que viva uma vida de amor e de perdão.

Coloque o pé na estrada e não olhe para trás! Isso significa buscar o caminho da própria felicidade e da do outro. Vou seguir por esse caminho porque meu coração me possibilita superar tudo. Afinal de contas, sou corajoso e ajo pela fé, ajo por aquilo em que creio. Nós podemos dizer como são Paulo, quando assumimos nossa fé: "Eu sei em quem pus a minha confiança" (2Tm 1, 12). Por isso caminho com coragem e com a convicção de que estou acertando.

Ser cristão é ser feliz

Falar sobre Jesus e sobre Sua vida e entrega por amor a nós não deveria ser algo tedioso nem pesado. Ao contrário, deveria ser uma alegria. Deveríamos, já pela nossa maneira de ser, de falar e de agir, levar as pessoas a conhecer Jesus. Se somos felizes, contentes, vitoriosos, levamos um Jesus vitorioso, alegre, bondoso para os outros. Ao contrário, se somos pessoas fracassadas, tristes, perdidas, carregaremos um Deus perdedor, fracassado e triste. É uma grande felicidade quando podemos reconhecer em alguém a grande alegria de servir a Deus. Quando vemos um cristão alegre e feliz, mesmo com problemas e dificuldades, dizemos: "Lá vai alguém que aceitou sua cruz e assumiu verdadeiramente o seu trabalho de ser e levar a Palavra de Deus". É bonito quando vemos um cristão testemunhando com a alegria de sua fé, um cristão satisfeito com aquilo em que acredita, e por isso demonstrando a todos, por sua conduta, a sua realização em Deus. Devemos ter cuidado quando dizemos que somos cristãos. Porque às vezes nossa conduta não condiz com o cristianismo que professamos. Cuidado com o nome de cristão que você usa! Se você se diz cristão, seja feliz, esteja contente. Senão, em vez de cristãos, seremos chamados de "tristãos". Enfrentar problemas na vida não nos torna infelizes, pois os problemas são desafios a vencer. Por isso, testemunhe com sua vida, com palavras e gestos, e mostre para o mundo como é bom poder amar e ser amado por Deus. Como os sofrimentos e os desafios não são nada se comparados ao grande amor vitorioso que Deus nos reserva.

Biblioteca espiritual

Você fez alguma leitura espiritual hoje? "Leitura espiritual, padre?", você me pergunta. "Mas o que é leitura espiritual? Será que ela é diferente de qualquer outra leitura que fazemos para adquirir conhecimento?"

Bom, ler significa, muitas vezes, acumular informações, colher dados, adquirir uma nova percepção, um novo saber. Às vezes lemos para dominar um campo de conhecimento. Essa leitura pode nos conduzir a diplomas, cargos, aprimoramento profissional.

A leitura espiritual é diferente. Sabe por quê? Porque ela não é simplesmente ler coisas espirituais. Não é pegar a *Bíblia* e ler, pegar outra publicação religiosa e ler. Não! Leitura espiritual é ler de um modo espiritual. Ler a *Bíblia* de um jeito espiritual. Ler espiritualmente um livro de espiritualidade. Isso exige disposição não apenas para ler, mas sobretudo para ser lido. Não só para dominar letras e palavras. Leitura espiritual é deixar ser dominado por aquela palavra que você lê. Enquanto lermos a *Bíblia* só para adquirir conhecimento, nossa leitura não ajudará muito em nossa vida espiritual. Nós podemos nos tornar instruídos sobre assuntos espirituais, mas nunca vamos nos tornar verdadeiramente espirituais. Ler espiritualmente é deixar ser tocado e tomado pela palavra, assumidos pela palavra que lemos. À medida que lemos, abrimos nosso coração para a voz de Deus. Isso é que é ler de modo espiritual: Deus falando ao nosso coração. Algumas vezes nós até podemos deixar a *Bíblia* de lado um pouquinho e apenas ouvir Deus, que fala bem no íntimo de nosso coração. Assim nos tornaremos sábios para a vida e para o amor.

Todas as vezes que falamos de leitura espiritual falamos da leitura da *Bíblia*, de uma oração, de um livro de espiritualidade, da biografia de um santo, de reflexões sobre a Palavra de Deus. A leitura espiritual alimenta nossas almas.

Não se pode conceber um cristão que se diz religioso não tenha o hábito de ler espiritualmente. À medida que deixamos a *Bíblia*, Palavra de Deus, ou um bom livro espiritual entrar em nossa mente e alcançar nosso coração, vamos nos tornando diferentes.

Faça essa experiência. À medida que você reza o Salmo, faz alguma oração ou uma leitura periódica da Palavra de Deus, à medida que você deixa essa palavra alcançar seu coração, você se torna diferente. A Palavra de Deus vai se tornando devagarzinho carne em nós e transforma todo o nosso ser. Por isso podemos dizer que a leitura espiritual é a encarnação contínua da Palavra de Deus em nós. Ela entra em meu coração, me toca e se transforma em mim, na minha carne.

Em Jesus, Deus se encarnou no mundo e veio fazer morada entre nós, nos legando Sua palavra sobretudo no Evangelho. Por meio da leitura da *Bíblia*, da reflexão sobre a Palavra de Deus, o Criador torna-se carne e nos faz Cristo presente em nosso dia a dia. Deixar que a Palavra de Deus se transforme em carne é deixar que ela se transforme em gestos, atos, atitudes. O que vale a Palavra de Deus se ela permanecer em um livro fechado? De que vale a Palavra de Deus se ela é usada apenas para enfeitar um belo sermão? A Palavra de Deus se transforma em carne quando a assimilo em meu coração e a transformo em gesto. Continuemos lendo a Palavra de Deus com grande amor e reverência, mas sobretudo com vontade de que ela se torne carne, gesto, atitude por meio de nós.

Disciplinar os desejos

O desejo que existe em nosso coração, em nosso corpo, não deve ser desprezado. O desejo não pode ser arrancado, suprimido. Deve, pelo contrário, ser ordenado, conduzido. Agindo dessa forma, nos aproximamos de Deus, porque o primeiro desejo a sentir é por Deus.

Devemos ir além de nossos desejos. Às vezes nos comportamos como uma criança em uma loja de brinquedos. Ela olha, contempla toda aquela imensidão de brinquedos e não sabe o que escolher. Ela quer isto, aquilo, aquilo outro, tudo ao mesmo tempo. Às vezes nós, adultos, nos comportamos como uma criança na loja de brinquedos. Queremos isso, aquilo, algo mais, sempre outra coisa. As muitas opções nos confundem, criam uma inquietude enorme e muita ansiedade. Nós não sabemos o que escolher, sobretudo em um mundo que a todo momento parece nos oferecer mais e mais opções.

Quando alguém diz "O que você quer? Você pode pedir o que quiser. Vamos, decida-se!", a gente não sabe o que escolher. É interessante, porque nossos desejos são tantos... Enquanto nosso coração continuar vacilando entre essa imensidão de desejos, nós não avançaremos na vida. Não conseguiremos aprofundar em nossa existência com paz e alegria. Enquanto continuarmos vacilantes diante daquilo que queremos, não poderemos nos aprofundar interiormente. Ir além dos desejos é perceber que devemos ter uma ordem a seguir, ou seja, desejar primeiramente a Deus.

Ser livre

A liberdade faz parte do ser cristão. O cristão é livre, não devemos nada a ninguém, a não ser o amor, não somos servos de ninguém, somente de Deus. A verdadeira liberdade é a dos filhos e filhas de Deus.

Para alcançar essa liberdade de filhos de Deus é necessária muita disciplina durante a vida afora. O poder político, o poder econômico, o poder social às vezes nos escravizam. A própria religião pode nos escravizar. Temos que tomar cuidado com isso. De repente, começamos a obedecer a comandos, ficamos cada vez mais autômatos, dependentes. A política, o consumismo, o dinheiro sabem muito bem nos escravizar. Ficamos dependentes das recompensas que esse poder nos dá – e que, na verdade, não passam de migalhas.

Uma vida de espiritualidade, de oração, uma vida onde você coloca Deus em primeiro lugar, nos conduz à liberdade, ao desprendimento das coisas terrenas que, como sabemos, são passageiras. A única verdade é que não pertencemos a esse mundo. Nós pertencemos a Deus: é d'Ele que vem a nossa liberdade, a consciência de que não pertencemos ao mundo.

Se pertencêssemos ao mundo, deveríamos alguma coisa a ele. O mundo seria o nosso senhor. Mas não! Nós não pertencemos ao mundo, pertencemos a Deus. Logo, se pertenço a Deus, Ele é meu Senhor! E eu só devo a Ele. Nem por isso Deus nos deixa de tratar como filhos muito amados.

Crescer na verdadeira liberdade, pois, é crescer na consciência de que não devo nada a ninguém, porque meu Senhor é Deus. Como diz são Paulo: nós só devemos ao amor. Meu senhor não é o dinheiro, por isso não sou escravo dele; meu senhor não é o poder, por isso não sou escravo dele; meu senhor não é o sexo, por isso não sou escravo dele; meu senhor não é a droga, por isso não sou escravo dela. Eu sou livre, como todo filho de Deus o é. Nós pertencemos a Deus, somos propriedade d'Ele. Deus nos trata como filhos. Que a gente possa entender e gozar a liberdade de filhos de Deus!

Uma dor sem nome

A maioria de nós não sabe e não consegue dimensionar a dor dos pais que perdem seus filhos. Só um pai ou uma mãe que perdeu seu filho pode nos dizer o quão dolorida é essa perda. Dizem que é uma dor tão grande que ainda não conseguiram inventar um nome para ela. Pois se, a quem perde os pais, dá-se o nome de órfão, aos que perdem marido ou esposa, viúva ou viúvo, não há nome para quem perde um filho, pois uma dor tão grande não cabe mesmo em um nome.

Muitos pais perdem seus filhos quando estes nascem. Outros, quando os filhos são jovens. Não há maior sofrimento. Essa perda frustra o desejo dos pais de verem seus filhos crescerem, casarem, terem eles mesmos seus próprios filhos, e se realizarem como profissionais. Essa perda, pois, é a interrupção de um roteiro natural, uma história cujo desenrolar – com seu começo, meio e conclusão – é o que todos esperam, e que segue seu curso previsto na grande maioria das famílias, desde que o mundo é mundo.

O grande perigo é que, ao perderem seus filhos, os pais também percam a vontade de viver. O que fazer, então? A resposta é a fé. A fé para que eles acreditem realmente que seus filhos, apesar do breve tempo que permaneceram com eles, lhes foram dados por Deus como um presente. Um presente para enriquecer suas vidas. Talvez para você, pai, para você, mãe, que perdeu um filho ou filha, seja difícil ler isto neste momento. Seu filho, porém, que esteve com você e hoje está junto de Deus, lhe foi oferecido como um presente por nosso Criador. Esse presente foi colocado dentro de sua casa, sob seu olhar cuidadoso e pleno de afeto, para enriquecer você e sua família. Seus filhos são propriedades de Deus, que os empresta a você para que eles possam crescer e se desenvolver no amor, e depois voltar para o amor infinito de nosso Pai que está no céu.

Quando os pais fizerem esse ato de fé, e perceberem que seus filhos vieram enriquecer suas vidas e hoje enriquecem o céu, poderão superar qualquer dor, qualquer sofrimento. Que seus corações sejam curados por Deus e entendam que a perda do filho não veio lhes tirar algo. Que seus corações confiem na palavra de Jesus, que nos diz – e nos pergunta: "Eu sou a ressurreição e a vida; quem crê em mim, ainda que esteja morto, viverá; E todo aquele que vive, e crê em mim, nunca morrerá. Crês tu nisto?" (Jo 11, 25-26).